Viajeros

[東京大学スペイン語教材]

Departamento de Español,
Universidad de Tokio, Komaba

東京大学教養学部スペイン語部会 編

CD2枚付

Editorial Universidad de Tokio
東京大学出版会

Viajeros [+2CD]
Departamento de Español, Universidad de Tokio, Komaba
Editorial Universidad de Tokio, 2008
ISBN978-4-13-082128-5

はしがき

初級文法から次のステップに向けて

　本書は，スペイン語の初級文法を終えた学習者のための講読用テキストです．外国語の学習において，土台となる文法知識をひととおり身につけたら，次のステップはそれをもとにその外国語を使えるようにするということでしょう．そのために有効なひとつの方法は，適切な注のついたいろいろな文章を読んでみるということだと思います．テキストに書かれた内容から何か知識を得るだけでなく，言葉を通して，自分たちが慣れ親しんでいる世界のものとは異なる，物事の捉え方，表現の仕方，言葉のリズムに触れることは，外国語の学習では，なにより大切なことです．

　スペイン語学習者の数は年々増加していますが，日本におけるスペイン語教材の出版状況はいくぶん偏っているといわざるをえません．初級文法を教える教科書は毎年何冊も新しいものが出版される一方，中級用教材の数はきわめて限られています．いまやインターネットのおかげで，スペイン語の新聞を読んだり，ニュースを聞いたり，本を購入することが簡単にできるようになりましたが，初級文法を終えた段階でいきなり生のスペイン語に取り組むのは，ハードルがかなり高いように思われます．

　東京大学教養学部スペイン語部会では，この数年間，おもに初級のスペイン語学習者を念頭において，ウェブ上のホームページ (http://spanish.ecc.u-tokyo.ac.jp/) を活用したスペイン語教育の開発に取り組んできました．その成果と経験に基づいて，このたび上に述べたギャップを埋めるべく，本書を編集しました．

はしがき

スペイン語世界をめぐる旅人 Viajeros となれ

　本書を構成するテキストを執筆，または選定したのは，東京大学教養学部でスペイン語教育に携わっている（いた）20 名の教師です．非常勤講師として来ていただいている方にも多数参加していただきました．それぞれ歴史学，政治学，経済学，文化人類学，言語学，文学，文化研究などの専門分野に軸足を置きながら，語学教育にかかわっています．各人の得意分野で，原則 1 人 1 篇のテキストを執筆，または選定し，テキストの背景などについての解説と，語彙と文法に関する注をつけました．

　スペイン語世界はたいへん広い世界です．公用語としている国だけで 20 ヵ国ありますが，その他にもスペイン語が通用する地域はたくさんあります．本書のテキストを担当している教師たちは，じつはこのスペイン語世界の旅の達人でもあります．アフロ系の人びとの祝祭を，カリブ海地域で長年追い続け，鮮烈な映像記録としてとらえようと奮闘する人類学者．舗装されていない山道をおんぼろバスに揺られるのがとりわけ好きで，独立戦争を生きた人々の足跡をアンデスの谷間に追いかける歴史家．スペイン語の美しい韻律に魅せられて，ラテンアメリカ各国の詩人たちが生みだした作品を渉猟し，書物の世界を旅する文学研究者．本書は，これらの旅に生きる教師たちの豊かな経験を反映させたつくりになっています．

　スペイン語世界の臨場感を，この旅人たちが念入りに選んだテクストを通して，是非感じていただきたいと思います．読者の皆さんもこのテキストを通して，多様なスペイン語世界に出会う旅人になってください．

　Viajeros となるのは，今度は，読者の皆さんです．

本書の構成について

　27 篇のテキストが，7 つのパートに分かれて収められています．たとえばアンデス地域をめぐる文章，新世界の冒険者を扱った文章，スペイン文化を取り上げた文章，科学的話題の文章などが各パートごとにまとめられています．テキストの舞台はスペイン，ラテンアメリカ諸国，カリブ海地域，それに日本国内まで加わり，話題となる時代は 12 世紀頃から現代に渡ります．スペイン語としては 17 世紀に書かれたロペ・デ・ベガの戯曲

がいちばん古いものですが，思いのほか読みやすいことに驚く読者もいるでしょう．本書の最後を締めくくるのは『平家物語』を響き高い，美しい現代スペイン語に翻訳したものです．

　テキストの難易度を星印の数で示しました．読むときの目安にしてください．★は初級文法がほぼ終わった頃に読めるものと考えています．★★★は上級レベルですが，どれもたいへん面白い内容ですので，注や解説をたよりに是非挑戦してみてください．★は9篇，★★は13篇，★★★は5篇あります．

スペイン語カタカナ表記について

　日本語の音韻体系はスペイン語と異なりますので，スペイン語をカタカナ転写する際にはゆらぎが生じます．とくに，スペイン語のアクセント位置に相当するカタカナに音引き「ー」をつけるか否か，そして，ll ならびに y の音をどのように転写するかに，書き手の好みによる異論や，同じ書き手でも単語によるゆらぎが生じます．本書ではなるべく一貫した原則にもとづくようにしましたが，慣用や筆者の好みを尊重した場合も少なからずあります．

　本書にはCDが2枚ついています．収録時間の関係上，残念ながら4篇の詩は割愛しました．また歌は「哀しみ」と「サンゲオス」を収録しています．収録されているテキストは，各表題の上にトラックナンバーを挙げてあります．朗読は Sonia del Campo さんとスペイン語部会メンバーのUlises Granados さんが担当しました．スペイン出身の Sonia del Campoさんには，おもにスペインに関するテキストを，メキシコ出身の UlisesGranados 氏には，おもにラテンアメリカに関するテキストを朗読していただきました．

　カバー装画には，中内渚さんの絵を使わせていただきました（中内さんのホームページは http://www.oceandictionary.net/~nagisa-n/index.html）．また中扉およびCDのイラストは三嶋典東さんによるものです．お二人のセンスで教科書に素敵な衣装を着せることができました．

　このほかにも，本書の制作には多くの方の助力を得ました．今回ご協力いただいた本学教養学部スペイン語非常勤講師の方々には，テキストの執

はしがき

筆，選定，解説・注の書き方などに関し，編集委員会の無理なお願いや要望にこころよく応えてくださり，深く感謝申し上げます．東京大学大学院総合文化研究科の大学院生の駒井睦子さん，菱田悦子さん，小川佳章さんには校正を手伝っていただきました．注などについても貴重なコメントをしてくださいました．CD 収録・編集の際には技官の野谷昭男さんから全面的なご協力をいただきました．東京大学出版会の小暮明さんには，あらゆる無理をお願いし，ひとかたならずお世話になりました．この場を借りてお礼申し上げます．

2008 年 2 月

編集委員：斎藤文子　網野徹哉　木村秀雄

Índice

Prólogo

1 Andanzas por los Andes 1
Texto 1 Buscando un Inca★ Alberto Flores Galindo (2)
Texto 2 Las ocho regiones naturales del Perú★
 Javier Pulgar Vidal (8)
Texto 3 Los ríos profundos★★ José María Arguedas (16)

2 Hombres atrevidos en el Nuevo Mundo 25
Texto 1 El robo del tesoro de Moctezuma★★
 José Luis Martínez (26)
Texto 2 Determinando la forma de la Tierra–expediciones científicas★★
 Ricardo Cereno Martínez (34)
Texto 3 La carta de Jamaica★★★ Simón Bolívar (42)

3 España, la tradición y la cultura 51
Texto 1 Cantar de mio Cid–de la voz al oído★★
 Alberto Montaner (52)
Texto 2 Los moriscos y la literatura aljamiada★★★
 Luis F. Bernabé Pons (58)
Texto 3 La rebelión de las masas★★ José Ortega y Gasset (68)

4 Explorando la naturaleza 73
Texto 1 El alimento mágico, el pulque★
 Octavio Paredes López (74)
Texto 2 La corriente peruana y El Niño★★

Índice

    Edtor: Graciela d'Angelo (80)
 Texto 3 El lenguaje de los delfines★★
    Antonio Ruiz Tinoco (88)

5 Sueño de los artistas...................................97
 Texto 1 Picasso y los toros★ Pedro Romero de Solís (98)
 Texto 2 Gaudí y la Sagrada Familia★★
    Salvador Tarragó (106)
 Texto 3 Pedro Almodóvar★ Silvia Colmenero Salgado (114)

6 Aventura por la literatura..........................123
 Texto 1 A un olmo seco★★ Antonio Machado (124)
 Texto 2 El viaje definitivo★★ Juan Ramón Jiménez (128)
 Texto 3 Te recuerdo como eras...★★ Pablo Neruda (130)
 Texto 4 Ajedrez II★★ Jorge Luis Borges (132)
 Texto 5 Peribáñez y el Comendador de Ocaña★★★
    Lope de Vega Carpio (136)
 Texto 6 La muñeca menor★★★ Rosario Ferré (144)

7 Encrucijada de culturas............................155
 Texto 1 Salsa y videojuegos★ Ulises Granados (156)
 Texto 2 Lengua y béisbol en la República Dominicana★
    Orlando Alba (162)
 Texto 3 Tristezas–bolero★
    Letra y música: José "Pepe" Sánchez/Interpretación:
    Dúo voces del Caney (170)
 Texto 4 Plástico–salsa★
    Letra y música: Rubén Blades (174)
 Texto 5 Sangueos–Tradición festiva de catolicismo popular en la región de Litoral Central Venezuela★
    Letra y música: tradición, Victor Hermozo, Herman Villanueva (182)
 Texto 6 Heike monogatari★★★
    Traducción: Rumi Tani Moratalla y Carlos Rubio (188)

Lista de láminas (199)
Colaboradores (202)

目次

はしがき

1 アンデスの旅··1

Texto 1　インカを探して★　アルベルト・フロレス・ガリンド　(2)
Texto 2　ペルーの8つの自然地域★　ハビエール・プルガール・ビダール　(8)
Texto 3　深い川★★　ホセ・マリア・アルゲダス　(16)

2 躍動する新世界··25

Texto 1　モクテスマの財宝の強奪★★　ホセ・ルイス・マルティネス　(26)
Texto 2　地球の形を決める－科学者たちの探求★★
　　　　　リカルド・セレーノ・マルティネス　(34)
Texto 3　ジャマイカ書簡★★★　シモン・ボリバル　(42)

3 スペイン、その伝統と文化··51

Texto 1　『わがシッドの歌』－声から耳へ★★　アルベルト・モンタネール　(52)
Texto 2　モリスコとアルハミア文献★★★　ルイス・F・ベルナベ・ポンス　(58)
Texto 3　大衆の反逆★★　ホセ・オルテガ・イ・ガセット　(68)

4 自然の探求··73

Texto 1　魔法の食物、プルケ★　オクタビオ・パレーデス・ロペス　(74)
Texto 2　ペルー海流とエル・ニーニョ★★　編：グラシエロ・ダンヘロ　(80)
Texto 3　イルカの言語★★　アントニオ・ルイズ・ティノコ　(88)

目次

5 芸術家たちの夢 ……………………………………………97

Texto 1　ピカソと闘牛★　ペドロ・ロメーロ・デ・ソリス　(98)

Texto 2　ガウディとサグラダ・ファミリア★★　サルバドール・タラゴ　(106)

Texto 3　ペドロ・アルモドバル★　シルビア・コルメネーロ・サルガード　(114)

6 文学の冒険 ……………………………………………123

Texto 1　枯れた楡の木に★★　アントニオ・マチャード　(124)

Texto 2　最後の旅★★　フアン・ラモン・ヒメネス　(128)

Texto 3　僕は君の姿を思い出す…★★　パブロ・ネルーダ　(130)

Texto 4　チェス II★★　ホルヘ・ルイス・ボルヘス　(132)

Texto 5　ペリバニェスとオカーニャの領主★★★　ロペ・デ・ベガ・カルピオ　(136)

Texto 6　最後の人形★★★　ロサリオ・フェレ　(144)

7 文化の交差点 ……………………………………………155

Texto 1　サルサとビデオゲーム★　ウリセス・グラナドス　(156)

Texto 2　ドミニカ共和国の野球とことば★　オルランド・アルバ　(162)

Texto 3　哀しみ—ボレロ★　詞・曲：ホセ・"ペペ"・サンチェス／演奏：デュオ・ヴォセス・デル・カネイ　(170)

Texto 4　プラスティック—サルサ　詞・曲：ルベン・ブレイズ　(174)

Texto 5　サンゲオス—ベネズエラ，中部海岸地方における民衆カトリシズムの祝祭芸能★

　　　詞・曲：伝承曲，ビクトル・エルモソ，エルマン・ビジャヌエバ　(182)

Texto 6　平家物語★★★　訳：ルミ・タニ・モラターヤ，カルロス・ルビオ　(188)

図版出典一覧　(199)

編著者紹介　(202)

1

✜

Andanzas por los Andes

Texto 1 ★ [CD1 n° 1, 2]
Buscando un Inca

Alberto Flores Galindo

[. . .] La conquista fue un verdadero cataclismo[1]. El indicador más visible se puede encontrar en el descenso demográfico, la brutal caída de la población indígena atribuible a las epidemias y las nuevas jornadas[2] de trabajo. El encuentro con los europeos fue sinónimo de muerte. Aunque en el pasado se han exagerado las cifras, los cálculos más prudentes del demógrafo David N. Cook[3] señalan que hacia 1530 el territorio actual del Perú debía tener una población aproximada de 9'000,000 de habitantes que se reducen a 601,645 indios en 1620. Este despoblamiento[4] preocupó a los propios españoles, para quienes la mayor riqueza de los nuevos territorios eran precisamente esos indios, sin los cuales no se hubiera podido extraer con bajos costos los minerales de Potosí[5]. [. . .] Para controlar a los indios, los organizan en pueblos[6], siguiendo el patrón[7] de las comunidades castellanas. Así pueden estar vigilados, ser fácilmente movilizables[8] para la mita[9] y tenerlos dispuestos a escuchar la prédica religiosa. Los indios terminan convertidos en dominados[10].

¿Cómo entender este cataclismo? La etapa de desconcierto[11] y asombro parece que no fue tan prolongada. Desde los primeros años se planteó una alternativa obvia: aceptar o rechazar la conquista. La primera posibilidad implicaba admitir que la victoria de los europeos arrastró el ocaso[12] de los dioses andinos y el derrumbe de todos sus mitos. El dios de los

Texto 1　Buscando un Inca

[解説]
　1532 年 11 月 16 日，スペインはエストレマドゥーラ出身のフランシスコ・ピサーロを首領とする百数十名のスペイン人コンキスタドール (征服者) たちは，インカ最後の王アタワルパ率いる数万の軍隊に対峙しました．瞬時のうちにインカ王を生け捕りにしたピサーロたちは，何千人ものインディオの兵士を虐殺します．この日を境に，南米史上最大の規模を誇った巨大帝国インカは，あっけなく崩れていきました．
　なぜわずかな数のスペイン人たちが，かくも大きな先住民社会を手中に収めることができたのか？ スペイン人による征服は，いったいインディオ社会にどのような衝撃を与え，先住民の精神はいかにしてそれを受けとめたのか？ そしてまた，世界の大変動とも言うべき征服の激動が過ぎ去った後，いにしえのインカ帝国に対する記憶はいったいどのようなかたちでアンデスのインディオたちの間で保存され，そして再生していったのか？ ……ここに紹介する一文は，こうした問いを通して，征服後のアンデス社会に，社会変革を求める精神が醸成されていく過程を，緻密な考証力と鋭い感性に支えられつつ端麗に描き出した，ペルーの歴史家アルベルト・フロレス・ガリンドの代表的著作『インカをさがして』(1994 年) から抜粋したものです．
　1949 年にリマ市に生まれ，90 年に若くしてこの世を去ったフロレス・ガリンドは，リマのカトリカ大学で学んだ後，フランスに渡り，パリの高等科学研究所にて歴史学の探求に没頭します．学位を得てペルーに戻った後は，ペルーの歴史学界のみならず，思想界をも牽引する若き指導者としてアンデスの若者に深い影響を与え，そして愛されました．彼はこのインカ論の他にも，ペルーを代表する左翼思想家マリアテギやアンデスの社会経済史をめぐるたくさんの貴重な著作を遺し，そして輝く彗星のように消えていきました．

[注]
1. **cataclismo:** 大異変，大変動．
2. **jornadas:** 労働時間，労働のサイクル．
3. **David N. Cook:** Noble David Cook のこと．北米を代表するラテンアメリカ史研究者の一人．アンデスの人口統計学研究において金字塔となっている著作を発表しているほか，アンデス社会史をめぐる貴重な書物を刊行している．
4. **despoblamiento:** 人口減少．
5. **Potosí:** ボリビア南部の鉱山都市．ここには 1545 年に豊富な銀を蔵する鉱脈が発見され，その後，ヨーロッパをはじめ，世界各地に向けて大量の銀を送り出した．鉱山の主要な労働力を構成したのはインディオであった．
6. **pueblos:** 村落．ここでは特に，スペイン人たちがアンデスの各地に創出した，インディオを集住させるための人工村をさす．
7. **patrón:** ひな型，原型．
8. **movilizables:** 動員可能な．
9. **mita:** ミタ．植民地時代，ポトシなどの鉱山やスペイン人が経営する農園など

1. Andanzas por los Andes

cristianos era más poderoso y no quedaba otra posibilidad que asimilarse a los nuevos amos, aceptar sus costumbres y ritos, vestirse como ellos, aprender el castellano, conocer incluso la legislación española. Es el camino que siguen los indios que ofician[13] de traductores, uno de los cuales fue, en la región de Huamanga[14], el futuro cronista Huamán Poma de Ayala[15].

Aceptando el discurso de los invasores, si un puñado de[16] aventureros pudieron derrotar al inca y su ejército, fue porque traían la cruz. Si los indios terminaron vencidos es porque, además, estaban en pecado: habían cometido faltas que era preciso[17] purgar. Los españoles trasladan a América su noción de culpa. La introducen en los vencidos como medio para dominar sus almas. La imaginación europea de entonces está poblada por demonios y genios[18] del mal. San Miguel[19] decapitando[20] al dragón acompaña a ese apóstol Santiago[21] que de matamoros[22] se convierte en mataindios[23]. Ambos combaten junto a Pizarro[24]. Los indios, como seres humanos, no estaban exentos del pecado original. El pecado eran[25] sus prácticas calificadas de idólatras[26], sus costumbres consideradas aberrantes[27], su vida sexual, su organización familiar, sus ritos religiosos, todo, sin omitir desde luego los presumibles sacrificios humanos. Multitud de faltas que era necesario expiar[28] y que explicaban por qué tuvieron que ser derrotados irremediablemente[29].

Es evidente que nosotros podemos formular otras consideraciones que explican la tragedia de Atahualpa[30]. Sin olvidar el impacto (más psicológico que real) de las armas de fuego, se advierte la diferencia entre un ejército numeroso pero sujeto a un mando vertical y despótico, frente a soldados que podían desempeñarse[31] libremente en el campo de batalla, especializados (el artillero[32], el trompeta[33], el infante[34], el de caballería) pero coordinados entre sí, capaces de iniciativa propia y además con otras reglas de hacer la guerra. Para Atahualpa — cuyos súbditos no podían siquiera[35] mirarlo de frente[36] — era inconcebible hasta ese 16 de noviembre de 1532 que unos personajes que él suponía inferiores se le abalanza-

で働く男性労働者の輪番による供出をインディオの村に義務づけた制度．
10. **dominados** ＜ dominar: 支配する，から「被支配者，支配される存在」．
11. **desconcierto**: 困惑，混乱．
12. **ocaso**: 衰退．
13. **ofician** ＜ oficiar: 勤める．
14. **Huamanga**: ペルー中部山岳地帯の都市アヤクーチョの植民地時代における呼称．
15. **Huamán Poma de Ayala**: 16〜17世紀にかけてアンデスに生きたインディオの記録者．彼は植民地社会に生きるインディオたちの置かれた厳しい生活状況の改善を訴えるべく，スペイン国王にむけて長大な請願書を著した．それはまたインディオの視点から書かれた先スペイン期から植民地期にかけての歴史の記録でもある．彼の記録には，彼自身が描いた多くの挿し絵が含まれていて，植民地社会の人々の様子をヴィヴィッドに伝えるとても貴重な史料となっている．なお，グアマン・ポマの原本はデンマーク王立図書館に収蔵されており，インターネットを通じて閲覧できる．
16. **un puñado de**: 一握りの．
17. **preciso**: 必要な．
18. **genios**: 霊．
19. **San Miguel**: 大天使ミカエル．堕天使に対する戦士として，キリスト教徒の崇敬を受けてきた．スペイン人が新世界のインディオを征服する時には，Santiagoとともに，征服者の守護神として崇められていた．
20. **decapitando** ＜ decapitar: 首を切る．
21. **Santiago**: 聖ヤコブ．スペインの守護聖人．九世紀にスペイン北部のサンティアゴ・デ・コンポステーラでその遺骸が発見されたとされ，同地は，今日でもカトリック教徒の巡礼の中心となっている．サンティアゴは，スペイン中世期の再征服運動において，イスラーム教徒に向かっていくカトリック教徒の戦士たちを庇護したといわれ，それゆえに注22のように呼ばれるようになったが，さらにアメリカの征服においても，サンティアゴはインディオに対する戦闘行為にさいして「鬨の声」となり，コンキスタドールたちを精神的に支えたとされる．ラテンアメリカにおいては注23のように称されるようにもなる．
22. **matamoros**: イスラーム教徒殺し．
23. **mataindios**: インディオ殺し．
24. **Pizarro**: Francisco Pizarro．スペイン・エストレマドゥーラ地方出身の征服者．百数十名の征服者たちを率いて，インカ帝国を滅亡させた．
25. **el pecado eran**: 単数の主語に対して，補語にあたるものが複数ある場合，serを補語の方に一致させて複数形にする場合がある．このeranはその例であると考えられる．
26. **idólatras**: 偶像崇拝の．
27. **aberrantes**: 常軌を逸した，逸脱した．
28. **expiar**: 清める．

1. Andanzas por los Andes

ran[37] sorpresivamente para tomarlo prisionero. La celada[38] y la traición eran instrumentos de los conquistadores. Pero para los indios que se quedaron atónitos, la sola posibilidad de apresar a un Inca[39] era inimaginable. Aquí se origina el trasfondo[40] traumático que aún tiene el recordar este primer encuentro entre Europa y los Andes, entre Pizarro y Atahualpa.

Huamán Poma de Ayala 画．インカ王アタワルパの処刑の場面．アタワルパは実際には，絞首刑にされたのだが，ワマン・ポマは断首されたものとして描きだす．コンキスタ後，インディオの間では，切断された首が成長して完全な体を取り戻した時，スペイン人の支配は終焉を迎える，という信仰が生まれたという．

Huamán Poma de Ayala 画．植民地時代，ほとんどのインディオはキリスト教に改宗した．教会に集まるインディオ信者に，スペイン人の神父が説教をしている．

Alberto Flores Galindo, *Buscando un Inca: identidad y utopía en los Andes*, 4a edición, Lima: Editorial Horizonte, 1994, pp. 31–33. ［担当：網野徹哉］

29. **irremediablemente:** 取り返しがつかなく，手の施しのようもなく．
30. **Atahualpa:** アタワルパ．インカ帝国最後の王．1532年，ペルー北部の町カハマルカでピサロ率いる征服者たちに捕縛され，その後処刑された．
31. **desempeñarse:** 任務を遂行する．
32. **artillero:** 砲兵．
33. **trompeta:** ラッパ卒．
34. **infante:** 歩兵．
35. **siquiera:** 否定の強調．「～さえない」．
36. **de frente:** 正面から．
37. **se abalanzaran** ＜ abalanzarse: 突進する．
38. **celada:** 待ち伏せ．
39. **un Inca:** Inca はインカ王を指す．Inca という言葉は，王国の最高権力者を指す言葉であったが，征服者スペイン人は，その王国についても，またそれを支配した「部族」についても，これをインカと呼んでいた．un には「まさか，あろうことか」といったニュアンスが含まれる．
40. **trasfondo:** 背後の事情，底流．

クスコ市遠望．中央に見えるのが，都市クスコの中心《Plaza de Armas》

Texto 2 ★ [CD1 n° 3]
Las ocho regiones naturales del Perú

Javier Pulgar Vidal

Consideramos que Región Natural[1] es un área continua o discontinua, en la cual son comunes o similares el mayor número de factores[2] del medio ambiente natural; y que[3], dentro de dichos[4] factores, el hombre juega papel principalísimo[5] como el más activo agente modificador de la naturaleza[6]. En el Perú, casi todos los paisajes conllevan la obra humana[7], ostensible u ocultamente[8]; y no existe una sola región, salvo en los cortos sectores vacíos del ecúmene[9], en la que no haya intervenido[10] significativamente el hombre durante el largo proceso, varias veces milenario, de la ocupación del territorio.

El Perú está localizado en la región tropical del globo; pero, debido a los vientos alisios[11], a la surgencia[12] de las aguas profundas del océano, a las corrientes marinas, a la Cordillera de los Andes, a la Hilea Amazónica[13], a la altitud y a la latitud[14], se engendran peculiaridades geográficas que han dado origen a ocho regiones naturales-tipo[15], algunas de las cuales[16] se extienden en fajas sucesivas continuas o discontinuas[17], de sur a norte, de oeste a este y desde el nivel del mar hasta las cumbres nevadas de la Cadena de los Andes.

Haciendo las indispensables salvedades geográficas[18] relativas al fotoperiodismo, el termoperiodismo[19] y a la presión atmosférica, podríamos adoptar el pensamiento del Inca Garcilaso de la Vega[20] y del sabio Barón de Humboldt[21], actualizado por el acucioso Leslie Holdridge[22], y es admitir que[23] un viaje

Texto 2　Las ocho regiones naturales del Perú

[解説]
　南アメリカ大陸の西側に位置するペルーは，最高標高が 6500 メートルを超えるアンデス山脈が南北に貫いています．そのために，国は西から東へ，Costa（コスタ，海岸），Sierra（シエラ，山地），Montaña（モンターニャ，熱帯低地）の3つに区分されてきました．この3つの地域は，地勢も，気候も，産業も，住む人も大きく異なる地域です．そして，東西の比較的狭い幅の中に多様な環境が存在することが，ペルーの大きな特徴であると考えられてきたのです．
　近年，文化人類学や歴史学において，この多様な環境を人々がどのように利用してきたのかという点に注目が集まるようになりました．多様な環境を最大限に利用しようとする努力がアンデスの古代国家や植民地期以後の村落を支えてきたのです．そして，そのような環境利用を考えるための基本的な地理区分が，ここに紹介したプルガル・ビダルの8分法です．これをもとに，もっと詳細な地勢や気候の調査が行われるようになり，農業や牧畜についての知識も集積されてきました．古代国家と現在の村落社会における生業のあり方には似通ったところも多くあります．そして，それを支えるのが，豊かで多様な自然環境なのです．

[注]
1. **Región Natural:** 自然地域．
2. **son comunes o similares el mayor número de factores:** son ＜ ser の主語は el mayor número de factores「最大数の要素」．
3. **que:** consideramos を受けている．
4. **dichos:** 前述の，今述べた．
5. **principalísimo:** principal に絶対最上級を表す接尾辞 ísimo を付けたもの．「非常に重要な」．
6. **agente modificador de la naturaleza:** 自然を変える要因．
7. **la obra humana:** 人間の活動，行為．
8. **ostensible u ocultamente:** ＝ ostensiblemente u ocultamente. mente の付いた副詞がいくつか並ぶとき，最後の副詞だけに mente を付けることになっている．「目に見える形で，あるいは目に見えないかたちで」．
9. **ecúmene:** （人の住む）全世界．
10. **en la que no haya intervenido:** la que は una sola región を先行詞とする関係代名詞．先行詞が否定されているので，関係節では接続法の動詞が使われている．
11. **debido a los vientos alisios:** debido a...「～のために，～のせいで」．debido はこの後つづくいくつかのフレーズの前に付いている a にもかかる．vientos alisios「貿易風」．
12. **la surgencia:** 噴出．
13. **Hilea Amazónica:** アマゾン流域．
14. **la altitud y a la latitud:** 標高と緯度．
15. **han dado origen a ocho regiones naturales-tipo:** dar origen a...「～を作りだす，～の基となる」．regiones naturales-tipo「自然地域の類型」．

1. Andanzas por los Andes

desde las orillas del mar peruano hasta las cumbres nevadas de los Andes equivale a[24] un viaje desde la línea ecuatorial hasta los polos, pasando por todas las regiones naturales de la tierra, que se suceden entre ambas regiones extremas. Aunque en la realidad geográfica no es absolutamente exacta la anterior interpretación, lo evidente es que el medio ambiente natural peruano contiene casi todas las regiones naturales del planeta.

El territorio peruano es tropical, a pesar de ofrecer una gran diversidad y heterogeneidad térmica, pluvial, lumínica, eólica, etc.[25]; por[26] su altitud, es muy variado pasando del clima cálido al excesivamente frío; por la complejidad de las cadenas de montañas que recorren su territorio, es difícil de[27] analizar y describir; por su dilatada[28] superficie y la sucesión de sus paisajes en series continuas o discontinuas, aparece confuso para el observador no especializado y para el turista; y por todo ello, ha dado origen a las más diversas, disímiles y hasta contradictorias interpretaciones, divisiones y subdivisiones[29], todas las cuales contienen sólo una parte de la verdad geográfica.

La división de un territorio en[30] regiones naturales debe basarse necesariamente en[31] la consideración analítica de todos los factores del medio ambiente natural de dicho territorio o de mayoría de ellos, sin tratar de acomodar criterios ajenos[32] correspondientes a otros países y continentes. Sin embargo, ha sido práctica[33] muy frecuente, al estudiar las regiones en el Perú, el establecerlas por la consideración de un factor predominante o cuanto más[34] de dos o tres de ellos. Como resultado, existe un complejo cuadro de sugerencias, opiniones, planteamientos, tesis y afirmaciones sobre el número y la calidad de las regiones en que puede considerarse dividido el territorio peruano[35].

Ratificamos[36] que los factores básicos y eficientes[37] del medio ambiente natural son: clima, relieve, suelo, subsuelo[38], aguas subterráneas, aguas superficiales, mar, flora, fauna, grupos humanos, latitud y altitud; y sostenemos que para llegar a una división del territorio en regiones naturales, es in-

Texto 2　Las ocho regiones naturales del Perú

16. **las cuales:** ocho regiones naturales-tipo を先行詞とする関係代名詞．
17. **se extienden en fajas sucesivas continuas o discontinuas:** continuas o discontinuas は se extienden の主語 algunas de las cuales を修飾し副詞的な働きをする形容詞．en fajas sucesivas は「帯状に並んで」といったような意味．
18. **salvedades geográficas:** 地理学的な留保．
19. **relativas al fotoperiodismo, el termoperiodismo:** relativo a ...「～に関係する」．fotoperiodismo は「光周期」，termoperiodismo は「温度周期」．
20. **El Inca Garcilaso de la Vega:** エル・インカ・ガルシラーソ・デ・ラ・ベガ（1539–1616 年）．スペイン貴族とインカ皇女の間に生まれ，最初のメスティーソ（混血）と呼ばれた．インカの歴史について『インカ皇統記』を著した．
21. **Barón de Humboldt:** アレクサンダー・フォン・フンボルト男爵（1769–1859 年）．ドイツの博物学者・地理学者．南アメリカ大陸を広く探検し，近代地理学の祖とされる．
22. **Leslie Holdridge:** レスリー・ホルドリッジ（1907–1999 年）．アメリカ合衆国の植物学者・気候学者．アメリカ大陸の「ライフゾーン」の概念を提唱した．
23. **es admitir que ... :** （レスリー・ホルドリッジによって最近の研究成果を盛り込まれたガルシラーソ・デ・ラ・ベガやフンボルトの考え方を取り入れるということは）～ということを認めるということだ．
24. **equivale a ... ＜ equivaler a ... :**「～と同じである」．un viaje desde las orillas del mar peruano が主語．
25. **una gran diversidad y heterogeneidad térmica, pluvial, lumínica, eólica, etc.:** 気温，降水，日照，風などの点での多様性と複雑さ．
26. **por:** 理由を示す前置詞．このあとの 3 つの por も同じ働きをする．
27. **es difícil de ... :**「～することは難しい」．主語は el territorio peruano．この後に続く 2 つの文の主語でもある．
28. **dilatada:** 広大な．
29. **divisiones y subdivisiones:** 分割と小分割．
30. **la división de ... en ... :** ～を～に分割すること．
31. **basarse necesariamente en ... :** 必然的に～に基づく．
32. **tratar de acomodar criterios ajenos:** よその基準を当てはめようと試みること．
33. **ha sido práctica:** práctica「慣習，習慣」．ha sido の主語は el establecerlas．las は las regiones のこと．
34. **cuanto más:** せいぜい，多くても．
35. **las regiones en que puede considerarse dividido el territorio peruano:** ペルー領土が分割されていると考えることができる区分．puede considerarse の主語は el territorio peruano．
36. **ratificamos ＜ ratificar:** 承認する，認める．
37. **eficientes:** 有効な．
38. **relieve, suelo, subsuelo:**（土地の）起伏，土壌，下層土．
39. **a base de la comunidad y homogeneidad:** a base de ...「～を根拠にして，～

1. Andanzas por los Andes

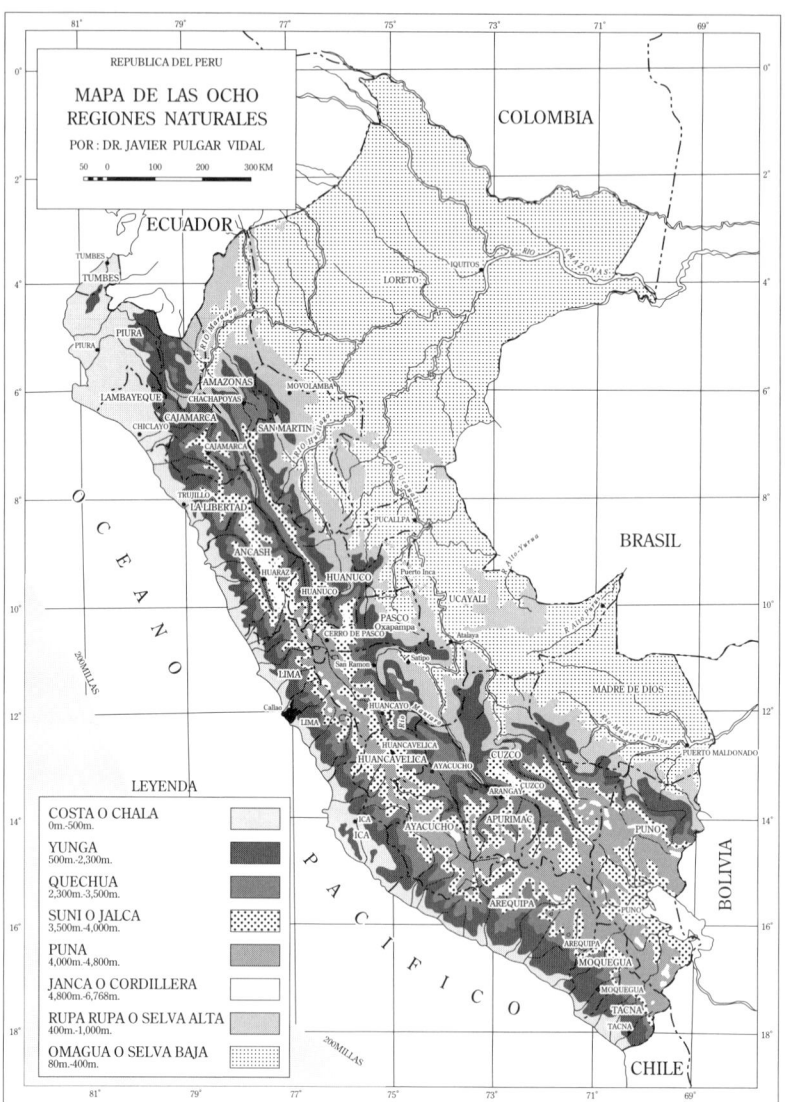

ペルーの8つの地域区分．LEYENDA（凡例）に示された区分の詳細は前ページ参照．

Texto 2 Las ocho regiones naturales del Perú

シエラ．プナからスニへそしてケチュアへと移り変わる景観．

モンターニャ．上セルバから下セルバを望む．

dispensable una sistematización científica, a base de la comunidad y homogeneidad[39] de todos o de la mayoría de los factores del medio ambiente natural, ubicados en áreas determinadas, continuas o discontinuas. Dicho de otro modo[40], que el análisis cabal del territorio sólo es posible mediante la consideración íntegra de todos los factores del medio ambiente natural, combinados de manera armoniosa y en proceso histórico y actual con la obra, la adaptación y las modificaciones que el hombre ha realizado y realiza en el territorio peruano.

En relación con[41] este criterio, causa profunda admiración y es motivo de orgullo nacional el comprobar que[42] los antiguos peruanos y los campesinos, sus actuales herederos — poseedores milenarios de esta tierra —, llegaron a configurar una imagen clara del territorio peruano conforme a la cual[43] el Perú está dividido en OCHO REGIONES NATURALES, cuyos nombres han quedado guardados en Toponimia[44] Regional Peruana: *Chala*[45], *Yunga*[46], *Quechua*[47], *Suni*[48], *Puna*[49], *Janca*[50], *Rupa-Rupa*[51] y *Omagua*[52]. Nosotros hemos hallado estos topónimos regionales desperdigados en el fondo inmenso del Diccionario Geográfico Toponímico Peruano y también conservados en la Tradición. Después de identificarlos, los hemos confrontado científicamente con[53] la realidad geográfica, analizándolos en relación con todos o con la mayoría de los factores del medio ambiente natural; y, finalmente, hemos planteado la urgencia y la necesidad de adoptar un criterio geográfico que considere[54] al Perú como un país variado y armonioso, con ocho realidades, problemas, posibilidades y soluciones.

Javier Pulgar Vidal, *Geografía del Perú: Las Ocho Regiones Naturales*, 10a edición, Lima: Promoción Editorial Inca S.A. 1996, pp. 15–20. [担当：木村秀雄]

Texto 2 Las ocho regiones naturales del Perú

に基づいて」．la comunidad y homogeneidad は「共通性と同質性」
40. **dicho de otro modo:** 言い換えれば．
41. **en relación con ...:** 〜と関連して．
42. **el comprobar que ...:**「〜を確認すること」．causa＜causar と es＜ser の主語．
43. **conforme a la cual:** conforme a ... は「〜に従って，則して」．la cual は関係代名詞．先行詞は una imagen clara.
44. **toponimia:** 地名．
45. *Chala*: チャラ．太平洋岸の海岸から標高 500 メートルまでの地域で，Costa（海岸）とも呼ばれる．海岸部は寒流の影響でほとんど雨がふらず，河川流域を除いて沙漠が広がるが，海が作り出す霧の影響下にもある．
46. *Yunga*: ユンガ．Yunca（ユンカ）とも呼ばれる標高 500 メートルから 2300 メートルまでの温暖な渓谷地帯．アンデス山脈西側の海岸ユンガ（Yungas Marítimas）と東側のアマゾン川支流沿いの河川ユンガ（Yungas Fluviales）に分けられる．
47. *Quechua*: ケチュア．Quichua（キチュア）とも呼ばれる．比較的温暖な渓谷地帯で，アンデス山脈地帯における主要なトウモロコシ栽培地帯でもある．標高は 2300 メートルから 3500 メートル．
48. *Suni*: スニ．標高 3500 メートルから 4000 メートルの冷涼な地帯．農耕が可能な最高標高の地帯で，ジャガイモなどの根茎作物が主として栽培される．Jalca（ハルカ）とも呼ばれる．
49. *Puna*: プナ．標高 4000 メートルを超える寒冷な地帯で，木本は生育しない．作物栽培も不可能なため，リャマ，アルパカなどのラクダ科動物をはじめとする牧畜が行われる．
50. *Janca*: ハンカ．標高 4850 メートルから 7000 メートル近い雪山の山頂までの地域．アンデス山脈には 7000 メートルを超える高山は存在しないが，ヒマラヤに次ぐ高度をほこる．人間による継続的な農業や牧畜は行われないが，鉱山が存在する．Cordillera（山脈）とも呼ばれる．
51. *Rupa-Rupa*: ルパルパ．アンデス山脈東部の標高 400 メートルから 1000 メートルの地帯．Selva Alta（上セルバ）とも呼ばれ，アマゾン低地の高標高部にあたる．雨量が多く，暑いが，夜間は比較的涼しい．
52. *Omagua*: オマグア．標高 80 メートルから 400 メートルまでのアマゾニア低地地帯．アンデス山脈東側のペルー低地地帯はすべてアマゾン川流域上部にあたる．Selva Baja（下セルバ）とも呼ばれる．
53. **los hemos confrontado científicamente con ...:** われわれはそれらを〜と科学的に照合した．
54. **considere** ＜ considerar: considerar の接続法現在形．その存在が確認されていない先行詞 un criterio geográfico にかかる関係節のなかの動詞なので，接続法をとる．

Texto 3 ★★ [CD1 n° 4]
Los ríos profundos

José María Arguedas

Infundía[1] respeto, a pesar de su anticuada y sucia apariencia. Las personas principales del Cuzco[2] lo saludaban seriamente. Llevaba siempre un bastón con puño de oro; su sombrero, de angosta ala, le daba un poco de sombra sobre la frente. Era incómodo acompañarlo[3], porque se arrodillaba frente a todas las iglesias y capillas y se quitaba el sombrero en forma llamativa[4] cuando saludaba a los frailes.

Mi padre lo odiaba. Había trabajado como escribiente[5] en las haciendas del Viejo. "Desde las cumbres grita, con voz de condenado, advirtiendo a sus indios que él está en todas partes. Almacena las frutas de las huertas, y las deja pudrir; cree que valen muy poco para traerlas a vender al Cuzco o llevarlas a Abancay[6] y que cuestan demasiado para dejárselas a los colonos(1)[7]. ¡Irá al infierno!", decía de él mi padre.

Eran parientes, y se odiaban[8]. Sin embargo, un extraño proyecto concibió mi padre, pensando en este hombre. Y aunque me dijo que viajábamos a Abancay, nos dirigimos al Cuzco, desde un lejanísimo[9] pueblo. Según mi padre, íbamos de paso. Yo vine anhelante, por llegar a la gran ciudad. Y conocí al Viejo en una ocasión inolvidable.

*

Entramos al Cuzco de noche. La estación del ferrocarril y la ancha avenida por la que avanzábamos lentamente, a pie, me

Texto 3 Los ríos profundos

[解説]

　ホセ・マリア・アルゲダス（1911–69 年）はペルー南部のアンデスのまちに生まれました．両親は白人系でしたが，さまざまな事情からインディオたちと寝起きをともにしながらアンデスの農村部で少年時代をすごしました．スペイン語とケチュア語を話し，自分のものの考え方や感じ方はインディオたちと変わらないと語ったことがあります．とはいえ，2 つの文化の狭間で逡巡していたのはたしかで，さまざまな作品でそのためらいや苦悩が表現されています．

　代表作に『ヤワル・フィエスタ（血の祭り）』（*Yawar fiesta*, 1941 年）や『深い川』（*Los ríos profundos*, 1958 年）などの長編があります．前者ではアンデスのまちを舞台に，インディオの伝統文化と海岸部から押し寄せる西欧文化のせめぎ合いが描かれています．2 つの文化が対峙する局面では，アルゲダスはインディオの側に立ちます．虐げられたインディオたちへの熱い共感とともに，彼らの感受性や信仰心，価値観や死生観などに対する深い理解がありました．アルゲダスは文化人類学の専門家としてこの分野でもいくつかの貴重な業績をのこしています．

　ここに掲げたテクストは，『深い川』の冒頭の数ページです．父親に連れられて，かつてのインカの都にやってきた白人の少年は，アルゲダスの分身にほかなりません．薄汚れた中庭でほのかな香りを放つ傷ついたセドロンの木や，ぼろをまとい，やせ細った小柄なインディオに向けられる繊細で注意深い眼差しは，この少年独特のものです．やがてその眼差しによって，われわれはインディオの神秘的な内面世界へ誘われていくことになります．アンデスの世界を理解する上で欠かせない作品です．日本語訳でも読むことができます．

[注]

1. **infundía** < infundir：「（ある感情を）抱かせる」．主語 él が隠れている．él は数行下に登場する el Viejo のこと．
2. **Cuzco**: Cusco とも綴る．ペルー南東部に位置する都市．インカ帝国（タワンティンスーヨ）の都．標高 3,400 メートル．人口は約 30 万．ケチュア語（quechua）で「へそ」「中心」を意味する．
3. **era incómodo acompañarlo**: acompañar＋lo は「彼といっしょに行くこと」．era incómodo は「居心地の悪いことだった」．
4. **en forma llamativa**：「ひどく目立つやり方で」，「大げさな身ぶりで（帽子を脱いだ）」ぐらいの意．
5. **escribiente**: 記録係．
6. **Abancay**: ペルー南部にある Apurímac 県の県都．標高約 2,400 メートル．
7. **para dejárselas a los colonos**: dejar＋se＋las の se は間接目的格の代名詞（3 人称複数形），a los colonos「小作人」と重複．las は frutas「果物」を受けている．アクセント記号の必要性に注意．
8. **se odiaban** < odiarse：「憎しみ合う」．se はここで相互の再帰代名詞「お互いに〜する」．
9. **lejanísimo**: lejano＋接尾辞 -ísimo．この接尾辞（絶対最上級）は，形容詞・副詞

1. Andanzas por los Andes

sorprendieron. El alumbrado eléctrico[10] era más débil que el[11] de algunos pueblos pequeños que conocía. Verjas de madera o de acero defendían jardines y casas modernas. El Cuzco de mi padre, el que me había descrito[12] quizá mil veces, no podía ser ése.

Mi padre iba escondiéndose[13] junto a las paredes, en la sombra. El Cuzco era su ciudad nativa y no quería que lo reconocieran[14]. Debíamos de tener apariencia de fugitivos, pero no veníamos derrotados, sino a realizar un gran proyecto.

— Lo obligaré. ¡Puedo hundirlo![15] — había dicho mi padre. Se refería al Viejo.

Cuando llegamos a las calles angostas, mi padre marchó[16] detrás de mí y de los cargadores que llevaban nuestro equipaje.

Aparecieron los balcones tallados, las portadas imponentes y armoniosas[17], la perspectiva de las calles[18], ondulantes, en la ladera de la montaña. Pero ¡ni un muro antiguo!

Esos balcones salientes, las portadas de piedra y los zaguanes tallados[19], los grandes patios con arcos, los conocía. Los había visto bajo el sol de Huamanga[20]. Yo escudriñaba las calles buscando muros incaicos[21].

— ¡Mira al frente![22] — me dijo mi padre —. Fue el palacio de un inca.

Cuando mi padre señaló el muro, me detuve. Era oscuro, áspero; atraía con su faz recostada[23]. La pared blanca del segundo piso empezaba en línea recta sobre el muro.

— Lo verás, tranquilo, más tarde. Alcancemos al[24] Viejo — me dijo.

Habíamos llegado a la casa del Viejo. Estaba en la calle del muro inca.

Entramos al primer patio. Lo rodeaba un corredor de columnas y arcos de piedra[25] que sostenían el segundo piso, también de arcos, pero más delgados. Focos opacos[26] dejaban ver las formas del patio, todo silencioso. Llamó mi padre. Bajó del segundo piso un mestizo, y después un indio. La escalinata no era ancha, para la vastedad[27] del patio y de los corredores.

Texto 3　Los ríos profundos

に付いて「非常に」「途方もなく」という意味を加える．
10. **alumbrado eléctrico:**（街灯などの）電気の明かり．
11. **el:** ＝el alumbrado eléctrico．代名詞の役割をしている冠詞．
12. **el que me había descrito:** el que は関係代名詞（＝el Cuzco que）．había descrito は describir「描写する」の直説法過去完了3人称単数形．「（父が）私に話してくれたクスコ」．
13. **escondiéndose** ＜ esconderse:「隠れる」の現在分詞．再帰代名詞は活用して3人称単数形 se が使われている．*Ej.*: Tú ibas escondiéndote detrás de tus padres.「君は両親の後ろに隠れて歩いていた」．
14. **reconocieran** ＜ reconocer: 3人称複数形の不定主語文．*Ej.*: Me robaron el pasaporte en el tren.「私は電車でパスポートを盗まれた」．なお，reconocer は「識別する」「誰それであるとわかる」という意．
15. **¡Puedo hundirlo!:** hundirlo ＜ hundir＋lo．この lo は「彼を」．「おれはやつを沈める（→破滅させる）ことができる！」．
16. **marchó** ＜ marchar: 進む，行進する．直説法点過去3人称単数形．
17. **imponentes y armoniosas:** 堂々たる，そして形の良い（門構え）．
18. **la perspectiva de las calles:** 街路の眺望．
19. **balcones salientes, las portadas de piedra y los zaguanes tallados:**「張り出したバルコニー，石造りの門，彫刻を施された玄関」．zaguán は一般的に玄関や玄関ホール．ここでは，木製の扉などに彫刻が施されている．
20. **Huamanga:** ペルー南部に位置する Ayacucho 県の郡のひとつ．
21. **muros incaicos:** インカ時代の石壁．
22. **¡Mira al frente!:** mira ＜ mirar の命令形．「正面を見てごらん！」．
23. **su faz recostada:** faz は「顔，表面」，recostada ＜ recostar「もたせかける，もたれる」の過去分詞．石壁の「傾斜した表面」が人を引き寄せるようだった，ぐらいの意．
24. **alcancemos a ... :** alcanzar「追いつく」の接続法現在1人称複数形．ここでは「〜のところへ行こう」．
25. **un corredor de columnas y arcos de piedra:**「柱とアーチが石造りの回廊」．回廊は中庭をぐるっと囲んでいる．
26. **focos opacos:**「くすんだ電球」．foco は一般的に「焦点」．中南米では電球 bombilla の意味でも使われる．
27. **la vastedad:** 広大さ．ここでは「（中庭や回廊の）幅の広さ」．その広さに比べて階段の幅が狭かった．形容詞は vasto．
28. **nos guió al segundo patio:**「（混血の男が）ぼくたちを2つ目の中庭に案内した」．この屋敷は3つの区画に分かれており，さらに奥に進むと3つ目の中庭がある．
29. **debían ser piezas de alquiler.:** deber (de)＋不定詞は「〜するはずだ，〜にちがいない」．pieza には「部屋」という意味もある．pieza de alquiler は「貸し部屋」．
30. **residía** ＜ residir: 住む，居住する．
31. **Apurímac:** クスコに隣接する県．県都は前出の Abancay．

1. Andanzas por los Andes

El mestizo llevaba una lámpara y nos guió al segundo patio[28]. No tenía arcos ni segundo piso, sólo un corredor de columnas de madera. Estaba oscuro; no había allí alumbrado eléctrico. Vimos lámparas en el interior de algunos cuartos. Conversaban en voz alta en las habitaciones. Debían ser piezas de alquiler[29]. El Viejo residía[30] en la más grande de sus haciendas del Apurímac[31]; venía a la ciudad de vez en cuando, por sus negocios o para las fiestas. Algunos inquilinos salieron a vernos pasar[32]. [65]

Un árbol de cedrón[33] perfumaba el patio, a pesar de que era bajo y de ramas escuálidas[34]. El pequeño árbol mostraba trozos blancos en el tallo; los niños debían de martirizarlo[35]. [70]

El indio cargó los bultos de mi padre y el mío[36]. Yo lo había examinado atentamente porque suponía que era el pongo[(2)37]. El pantalón, muy ceñido, sólo le abrigaba hasta las rodillas. Estaba descalzo; sus piernas desnudas[38] mostraban los músculos en paquetes duros[39] que brillaban. "El Viejo lo obligará a que se lave, en el Cuzco", pensé. Su figura tenía apariencia frágil; era espigado, no alto[40]. Se veía, por los bordes, la armazón de paja de su montera[41]. No nos miró. Bajo el ala de la montera pude observar su nariz aguileña, sus ojos hundidos, los tendones resaltantes del cuello[42]. La expresión del mestizo era, en cambio, casi insolente[43]. Vestía de montar[44]. [75] [80]

Nos llevaron al tercer patio, que ya no tenía corredores.

Sentí olor a muladar[45] allí. Pero la imagen del muro incaico y el olor a cedrón seguían animándome[46]. [85]

—¿Aquí? — preguntó mi padre.

—El caballero[47] ha dicho. Él ha escogido — contestó el mestizo.

Abrió con el pie una puerta. Mi padre pagó a los cargadores y los despidió. [90]

—Dile[48] al caballero que voy, que iré a su dormitorio en seguida. ¡Es urgente! — ordenó mi padre al mestizo.

Éste puso la lámpara sobre un poyo[49], en el cuarto. Iba a decir algo, pero mi padre lo miró con expresión autoritaria[50], y el hombre obedeció. Nos quedamos solos[51]. [95]

—¡Es una cocina! ¡Estamos en el patio de las bestias[52]! —

Texto 3 Los ríos profundos

32. **vernos pasar:** 知覚動詞 ver＋直接目的語＋不定詞・現在分詞．「通りすぎる」のは直接目的語の nos「わたしたち」．*Ej.*: La madre ve a los niños correr.「母親は子供たちが走るのを見る」．
33. **árbol de cedrón:** 柑橘系の香りがある樹木．葉が細長く，白もしくは淡いピンク色の小さな花を咲かせる．
34. **escuálidas:** やせ細った．
35. **debían de martirizarlo:** lo は árbol de cedrón を受けている．martirizar は「痛めつける」．deber (de)＋不定詞は「～するはずだ，～にちがいない」．「(子供たちが) それを痛めつけていたにちがいない」．
36. **el mío:**「定冠詞＋所有形容詞の後置形」は所有代名詞として働く．ここでは「ぼくの荷物 bulto」のこと．
37. **pongo:** 下男．アルゲダスがつけた注 (2) では「農場主の屋敷において当番制で無賃金の労働をするインディオ」とある．
38. **desnudas:**「裸の，むき出しの」．ここでは下男のインディオが丈の短いズボンをはいて，脚がむき出しになっている．
39. **músculos en paquetes duros:**「隆々とした筋肉」「固く引き締まった筋肉」ぐらいの意．
40. **era espigado, no alto:**「体がひょろ長く伸びていたが，背が高かったわけではない」．
41. **montera:** 帽子 sombrero に同じ．下男は麦わら帽を被っている．montera は一般に，闘牛士が被るような布製の帽子をいう．
42. **tendones resaltantes del cuello:**「くっきりと浮き出た首筋」．resaltante は，動詞 resaltar「際立つ，目立つ」に接尾辞 -ante がついて形容詞化されている．
43. **casi insolente:** insolente は「生意気な，無礼な」．「(メスティソの表情が) ほとんど横柄 (だった)」．
44. **Vestía de montar.:** (彼は) 乗馬の服装をしていた，牧童のかっこうをしていた．*Ej.*: María viste de rojo.「マリアは赤い服を着ている」．
45. **olor a muladar:** ゴミ溜めの臭い．
46. **animándome:** animar「元気づける」の現在分詞＋me (私を)．
47. **el caballero:** ここでは「だんな様」あるいは「ご主人様」．
48. **dile:** decir の tú に対する命令形 di＋le (彼に)．
49. **poyo:** 壁に据え付けられた腰掛け台．
50. **con expresión autoritaria:** autoritario は「高圧的な，独裁的な」．「相手に有無をいわせないような表情で」ぐらいの意．
51. **Nos quedamos solos.:** quedarse＋形容詞で「～の状態になる」．ここでは「私たちはふたりきりになった」．*Ej.*: Ellas se quedaron tristes al oir la noticia.「彼女たちは知らせを聞いて悲しくなった」．
52. **el patio de las bestias:** 家畜 (牛や馬など) を入れておく中庭．
53. **los arrieros:** ここでは「牧童たち」．
54. **No vayas a llorar.:** vayas ＜ ir．tú に対する否定命令．ir＋a＋不定詞は近接未来を表す．「泣いては駄目だよ」．*Ej.*: No vayas a abrir esta caja.「君はこの箱を開

1. Andanzas por los Andes

exclamó mi padre.

Me tomó el brazo.

— Es la cocina de los arrieros[53] — me dijo —. Nos iremos mañana mismo, hacia Abancay. No vayas a llorar[54]. ¡Yo no he de condenarme por exprimir a un maldito[55]!

Sentí que su voz se ahogaba[56], y lo abracé.

[notas]
(1) Indios que pertenecen a las haciendas.
(2) Indio de hacienda que sirve gratuitamente, por turno, en la casa del amo.

José María Arguedas, *Los ríos profundos*, Lima: Editorial Horizonte, 1988, pp. 11–13.
［担当：杉山晃］

けては駄目だよ」.
55. **exprimir a un maldito:** exprimir は「絞る」, maldito は「呪われた人, 悪党」.「悪党の首を締め上げる」ぐらいの意.
56. **su voz se ahogaba:**「声が詰まる」. 再帰動詞 ahogarse は「窒息する, 溺れる」.

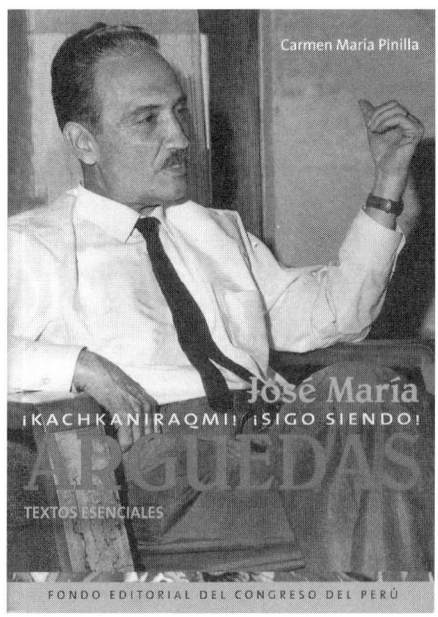

J・M・アルゲダス（Carmen María Pinilla, *José María Arguedas*, 2004, 表紙）

インカ時代の石壁はないかな, と思いながら, ぼくは一つひとつの街路をのぞき込んだ….

2

Hombres atrevidos en el Nuevo Mundo

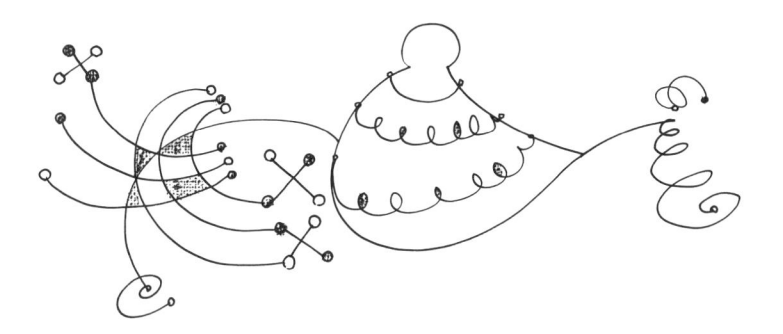

Texto 1 ★★ [CD1 n° 5]

El robo del tesoro de Moctezuma

♣

José Luis Martínez

[En el año 1522] los corsarios franceses — puesto que ya eran piratas con patente o autorización de su gobierno — lograron un robo de importancia histórica[1]. Pocos meses después de la conquista de México-Tenochtitlan[2], capital del imperio azteca, Hernán Cortés[3] decidió enviar a Carlos V como presente un tesoro de oro y joyas mexicanas. Escogió para que lo llevaran a Antonio Quiñones, capitán de su guardia, y a Alonso de Ávila, "hombre atrevido" a quien prefería "tener lejos de sí", comenta Bernal Díaz del Castillo[4]. Con ellos se enviaba también un memorial del Cabildo[5] y de los conquistadores.

El conquistador[6], poco amante de historias superfluas, se limita a referir, en su *Cuarta carta de relación*, que navíos y tesoros no llegaron a España porque descuidaron su protección los de la Casa de la Contratación[7] de Sevilla y, ya pasadas las Azores[8], los tomaron los franceses. Siente la pérdida de "las cosas que iban tan ricas y extrañas[9]", aunque pronto las sustituirá[10] por "otras muy más[11] ricas y extrañas". Añade una ironía: se alegra de que las conozcan los franceses para que aprecien por ellas la grandeza del monarca de España.

Bernal Díaz, en cambio, añade muchas otras circunstancias del hecho. Los dos navíos salieron de Veracruz[12] el 20 de diciembre de 1522. Después de pasar con fortuna el canal de Bahama[13], "se les soltaron dos tigres[14], de los tres que lleva-

Texto 1　El robo del tesoro de Moctezuma

[解説]

　コロンブス（Cristóbal Colón）の探検を皮切りに，スペインから新大陸には探検家，征服者，植民者などが次々に訪れ，スペインの勢力は急速に拡大します．この勢力拡張のクライマックスは，なんといってもアステカとインカの征服でしょう．その財宝の数々は征服者だけではなく，スペインの国王や貴族，さらには民衆を驚嘆せしめるものでした．これに続いたのが，サカテカスやポトシの銀山の発見です．今度は延べ棒や貨幣に鋳造されたおびただしい量の貴金属がスペインへ流れ込んできたのです．おかげで，新大陸との貿易に携わる人びとや，王室ならびに国家財政はずいぶんと恩恵を受けました．

　もちろん，スペインの僥倖を，周囲のヨーロッパ人たちはただ指をくわえて見ていたわけではありません．船乗りや貿易商人のなかには，新大陸から来るスペイン船を拿捕しようと，イベリア半島の沿岸を「海賊（pirata）」として徘徊するものが登場します．さらに，海賊たちのなかにはスペイン船を待ち受けることに飽きたらず，大西洋を横断して，カリブ海の島々にキャンプ地を設けて，船舶のみならず周辺の都市を攻撃する輩もあらわれました．いわゆるカリブの海賊の誕生です．

　いっぽう，王侯貴族だって黙ってはいません．スペインのカルロス1世（Carlos I, 神聖ローマ皇帝としては Carlos V）と対立していたフランスのフランソワ1世（Francisco I）や，フェリーペ2世（Felipe II）と仲違いしたイングランドのエリザベス1世（Isabel I）は，海賊商人たちを利用することを考えました．彼らに，スペイン船襲撃を認めた私掠許可状（patente de corso）を与える．そうすれば，私掠船（corsario）という形で民間の船舶を自国の軍事力として利用でき，スペインの貿易に打撃を与えることができます．さらに，私掠船が獲得した貴金属などの積荷の一部は，王様自身の懐に入りますから，これはなかなかうまい考えでした．

　収録したテキストは，メキシコの作家ホセ・ルイス・マルティネス（José Luis Martínez）の書いた『インディアスの旅人たち——16世紀の大西洋横断旅行』（*Pasajeros de Indias: Viajes trasatlánticos en el siglo XVI*）のうち，征服者エルナン・コルテス（Hernán Cortés）がカルロス1世に送ったアステカの財宝がフランソワ1世の許可状を持った海賊によって強奪されるくだり．私掠船による最初の華々しい成果のひとつです．同じ作家の作品には，征服者コルテスやアステカの王族だったネサワルコヨトルの伝記などがあります．

[注]

1. **los corsarios franceses ...**：pirata は海賊を一般的に表す語句であり，corsario は国家の許可状 patente de corso を持ち，他国の船舶を襲撃する船舶を指し示す．
2. **conquista de México-Tenochtitlan:** アステカ帝国（el imperio azteca）は，正確には三つの都市国家の同盟体であった．この同盟はいくつもの都市を従属させ，さらに直轄領も持ち，今のメキシコの中央部から南部を広く支配していたから「帝国」と呼び習わされるが，「アステカ帝国」という名前そのものはずっと後になってつけられたものである．三つの都市のなかでもいちばん栄えていたの

2. Hombres atrevidos en el Nuevo Mundo

ban, e hirieron a unos marineros y acordaron de matar al que quedaba porque era muy bravo y no se podían valer con él[15]". Cuando llegaron a la isla de la Tercera, en las Azores, el capitán Quiñones, que "se preciaba de muy valiente y enamorado[16] [...] revolvióse[17] en aquella isla con una mujer, y hubo sobre ello cierta cuestión[18], y diéronle una cuchillada[19] de que murió, y quedó solo Alonso de Ávila por capitán". No muy lejos de aquella isla los encontró el corsario francés Juan Florín, quien les tomó el oro y los navíos y llevó preso a Ávila a Francia. Del tesoro capturado, del cual dio "grandes presentes a su rey y al almirante de Francia", dice cosas fabulosas:

> llevaron dos navíos y en ellos ochenta y ocho mil castellanos[20] en barras de oro, y llevaron la recámara[21] que llamamos del gran Moctezuma[22], que tenía en su poder Guatemuz[23], y fue un gran presente, en fin, para nuestro gran César[24], porque fueron muchas joyas muy ricas y perlas tamañas algunas de ellas como avellanas[25], y muchos *chalchihuis*[26], que son piedras finas como esmeraldas, y aun[27] una de ellas era tan ancha como la palma de la mano, y otras muchas joyas que, por ser tantas y no detenerme en describirlas, lo dejaré de decir y traer a la memoria[28]. Y también enviamos unos pedazos de huesos de gigantes.

Bernal añade que, en aquella misma correría, el corsario Florín robó otro navío que venía de Santo Domingo al que "le tomó sobre veinte mil pesos de oro[29] y muy gran cantidad de perlas y azúcar y cueros de vaca". Con todo volvió Florín a su país y

> toda Francia estaba maravillada de las riquezas que enviábamos a nuestro gran emperador; y aun al mesmo[30] rey de Francia le tomaba codicia, más que otras veces, de tener parte en[31] las islas y en esta Nueva España.

Poco tiempo después, el rey Francisco I, que había descubierto gracias a Florín tan provechosa manera de hacer la

Texto 1　El robo del tesoro de Moctezuma

がメシーカ人（los　mexicas）の住むテノチティトラン（Tenochtitlan）だった．Tenochtitlan はメシーカ族の言葉であるナワトル語（nahuatl）で「サボテンと蛇の場所」を意味する．湖上にある島とその周りの埋立地に建設され，沿岸とは三本の堤道で連絡していた．アステカ帝国の滅亡後，同じ場所にはスペイン型の都市が築かれ，ピラミッドなどの石は，カトリック大聖堂の建築材として利用された．植民地時代の都市は，はじめは México-Tenochtitlan と呼ばれたが，やがてメキシコシティ（Ciudad de México）の呼称が優勢になった．現在ではメキシコシティを含む地区は連邦区（Distrito Federal）を構成し，Distrito Federal や D. F. とも呼ばれる．

3. **Hernán Cortés:** 1485–1547 年．アステカ帝国の征服者（el Conquistador）．ポルトガルに近いスペインのエストレマドゥーラ地方のメデジン Medellín に生まれる．1510 年にカリブ海のサント・ドミンゴに移住し，1519 年にメキシコへの遠征隊を組織する．同年 11 月にテノチティトランに入城し，1521 年 8 月に同市を陥落させる．その後メキシコの総督を務め，伯爵位を授与される．カリフォルニア半島や中米への遠征も行った．征服の模様を綴ったカルロス 1 世宛ての報告書簡 Cartas de relación は，ただちにスペインで印刷され，フランス語，ドイツ語などの翻訳も出版された．

4. **Bernal Díaz del Castillo:** 1492–1584 年．カスティーリャ地方メディーナ・デル・カンポの出身．1514 年にキューバに移住し，やがてアステカ征服に参加．コルテスが提示した征服のイメージに対抗して，無名の征服者たちの観点からアステカ帝国征服を描いた Historia verdadera de la conquista de la Nueva España を晩年に執筆．

5. **un memorial del Cabildo:** cabildo（参事会）は市や教会，職人組合などの団体において，その代表者たちが団体の運営について合議する機関．ここでは，メキシコ市の参事会を意味する．memorial は一般に覚書を意味するが，この場合は上位機関への成果報告や要望書のことである．

6. **el conquistador:** コルテスのこと．

7. **Casa de la Contratación:** インディアスとの通商を管理する機関として 1503 年にセビリアに設置された．主な業務は，船舶，積荷および渡航者の出入国管理，関税などの税金の徴収，貿易をめぐる民事・刑事訴訟の審理など．普通，通商院と訳される．

8. **ya pasadas las Azores:** 時を表現する分詞構文で，los tomaron . . . 以下の文を修飾している．cuando や después de que を用いて書き換えることができる．las Azores はアソレス諸島．イベリア半島の西，大西洋の真ん中に位置する大洋諸島．15 世紀前半にポルトガルが拠点を築いて以来，アフリカや新大陸から帰還する船舶の停泊地になった．「アソレス諸島をすでに過ぎて」．

9. **iban tan ricas y extrañas:** ir＋形容詞で，「～の状態にある」．

10. **siente . . . las sustituirá . . . :** siente, sustituirá の主語は Hernán Cortés．過去の出来事だが，現在形や未来形を使った文になっている．

11. **muy más:** もっとずっと．muy は比較語 más を強めている．現代スペイン語で

guerra, volvió a enviar al corsario a seguirse buscando la vida[32] en el mar, y cuando ya había despojado algunos barcos, topó "con tres o cuatro navíos recios y de armada, vizcaínos", que lo desbarataron y apresaron. Cuando lo llevaban preso a Sevilla, a la Casa de la Contratación, en cuanto[33] el emperador lo supo ordenó que se hiciese justicia en Florín y sus acompañantes, quienes fueron ahorcados en el puerto de Pico[34].

Lo que ocurrió a Alonso de Ávila — el superviviente de los dos encargados por Cortés para llevar a Carlos V el tesoro de Moctezuma — durante su cautiverio en Francia, hasta ser rescatado, es la historia muy peregrina "del gran ánimo que tuvo un año entero con una fantasma que de noche se echaba en[35] su cama", en el castillo donde lo tenían confinado, que relata Francisco Cervantes de Salazar[36].

Ahora bien, gracias a la *Biografía del Caribe* de Germán Arciniegas, puede precisarse que éste a quien los españoles llamaban Juan Florín o Florentín tenía por nombre Giovanni de Verrazano[37] (1485?-1528?), había nacido en Florencia — de donde le venía su apodo —, de mozo había viajado por Siria y El Cairo, negociando en sedas y especias, y al parecer había acompañado a los portugueses en sus viajes a Oriente y a los españoles en sus exploraciones del Caribe. Era un navegante competente y su hermano Hieronimus había aprovechado sus conocimientos para trazar un mapamundi[38] que conserva la Biblioteca Vaticana.

Interrumpiendo sus hazañas como pirata, Verrazano, según informa la *Encyclopaedia Britannica*, fue el primer explorador, en 1524, de la costa de Norteamérica, en los alrededores de Nueva York. Por ello, considerándolo descubridor de esa región, el puente colgante más largo del mundo, que en la bahía de Nueva York une Brooklyn con Staten Island, lleva su nombre.

Refiere Alonso de Santa Cruz, cronista del emperador Carlos V, que cuando Florín, Florentín o Verrazano fue tomado preso, como lo cuenta Bernal Díaz del Castillo, "confesó haber robado y echado a fondo 150 naos y galeras y galeones y zabras y bergantines[39], y que una vez tomó una nao del em-

Texto 1　El robo del tesoro de Moctezuma

　　は，比較級を強めるときは mucho を用い，mucho más とする．
12. **Veracruz:** メキシコ湾岸の港町．アステカ征服の際にコルテス一行はこの地点に上陸し，最初の町を設立した．
13. **Bahama:** バハマ．フロリダ半島とキューバ島の間に広がるバハマ諸島の周辺海域は，アメリカ大陸からスペインへ戻る船舶にとっては難所のひとつであった．
14. **tigres:** トラのこと．ただし，メキシコにトラはいなかったから，ここではジャガーかピューマのことだろう．
15. **no se podían valer con . . . :**「～を打ち負かすことができなかった」．現在では使われない用法．
16. **se preciaba de muy valiente y enamorado:** とても勇敢であり，また好色であることを自慢していた．
17. **revolvióse ＜ revolverse:**「問題を起こす」．当時のスペイン語では，活用した動詞の後ろに代名詞を付けることがある．
18. **cuestión:** 口論，いさかい．
19. **cuchillada:** cuchillo から派生した単語．ナイフで刺す行為やその刺し傷を指す．
20. **castellanos:** 貴金属の重量を表す単位で，一般的には 4.6 グラムに相当する．
21. **recámara:** 宝物などを納めた部屋．
22. **Moctezuma:** モクテスマ 2 世（1466 年頃–1520 年）．Motecuzoma や Montezuma などと綴られることもある．スペインによる征服が始まった頃にテノチティトランを統治していた人物．その死については，スペイン人に囚われた後，メシーカ族たちが蜂起した際の混乱の中で流れ矢に倒れたとする説や，裏切り者としてメシーカ族たちに石をぶつけられたのが原因とする説などがある．ちなみに「モクテスマの復讐（venganza de Moctezuma）」は，現代メキシコのスペイン語では，「下痢」を意味する．
23. **Guatemuz:** クアウテモック（Cuauhtémoc: 1502 年頃–1525 年）．当時の記録では Guatemuz としばしば記される．名前は，ナワトル語で「鷲のように舞い降りる者」を意味する．モクテスマの甥に当たり，テノチティトラン陥落時の統治者．その後，彼はコルテスの中米遠征に付き従うが，途中で反乱の疑いがあるとして処刑された．
24. **nuestro gran César:** 我らが偉大なるカエサル．カルロス 1 世をカエサルになぞらえている．
25. **algunas de ellas como avellanas:** ellas は perlas のこと．この句は，直前の perlas tamañas をさらに詳しく説明している．
26. *chalchihuis*: 翡翠（ヒスイ）．ナワトル語で「宝石」を意味する chalchihuitl に由来．アステカ帝国を含むメソアメリカ地域では，翡翠は装身具や仮面などとして用いられただけではなく，貨幣のような役割も果たしていた．
27. **aun:**「～でさえ，～ですら」．直後の文を強調している．
28. **traer a la memoria:** 覚書に記す．
29. **pesos de oro:** スペインの通貨単位．必ずしも金貨ではない．8 レアルに相当する．

2. Hombres atrevidos en el Nuevo Mundo

perador con más de 30 000 pesos de oro", y añade que antes de ser degollado en la plaza de Colmenar de las Arenas[40] dijo: "Oh Dios que tal has permitido[41], oh fortuna que a tal punto me has traído: ¿es posible que habiendo yo muerto a tantos, a manos de un hombre solo tenga yo de morir?"

アステカの皇帝が使った羽飾りの冠（オーストリア国立民族学博物館所蔵）．コルテスがカルロス1世に送った財宝のひとつとされる．

José Luis Martínez, *Pasajeros de Indias. Viajes trasatlánticos en el siglo XVI*, 3a edición, México: Fondo de Cultura Económica, 1999, 1a edición publicada en 1983, por Alianza Editorial), pp. 120–123.［担当：伏見岳志］

Texto 1　El robo del tesoro de Moctezuma

30. **mesmo:** = mismo.
31. **le tomaba codicia ... de tener parte en ...:**「（彼は）〜を所有したいという欲望にかられた」．tomar は「とりつく，襲う」，tener parte は「自分のものにする」．
32. **seguirse buscando la vida:** buscarse la vida は「生計を立てる，生活の糧をかせぐ」seguir＋現在分詞は「〜しつづける」．
33. **en cuanto:** 〜するとすぐ．
34. **puerto de Pico:** ピコ峠．マドリードの北西にあるアビラ県の南部には険しい山道があり，トレードやマドリードとサラマンカの間を往来する際の難所だった．ピコ峠もそのひとつで，ローマ時代の道路が現存している．
35. **se echaba en ...:** 〜に襲いかかった．
36. **Francisco Cervantes de Salazar:** 1514 年頃–1575 年．トレード生まれの文人．スペインで教鞭を取ったあと，1550 年にメキシコに渡り，設立されたばかりのメキシコ大学で修辞学の講座を担当した．メキシコ最初の年代記や，同地で催されたカルロス 1 世の弔礼に関する著作で知られる．
37. **Giovanni de Verrazano:** 彼が Juan Florín(フランス語では Jean Fleury) と同一人物であるとする説は，現在では支持されていない．両名ともフランスの名だたる貿易商だったジャン・アンゴの配下であり，Verrazano はカリブ海で先住民に殺されたと思われる．
38. **mapamundi:** 世界図．
39. **naos y galeras y galeones y zabras y bergantines:** 船舶の種類．nao は 15 世紀に登場した当時の最先端の船舶で，複数の帆を用い，船底が深く，長距離の航海や大量輸送に向いている．日本に来た「南蛮船」はこの種類だと考えられる．その進化系が galeón で，より巨大で装甲も厚い．zabra は帆を張った早足の小型船．規模の割に輸送能力が大きく，nao の先駆的形態であると思われる．galera はガレー船，主に地中海で利用され，縦長で複数のオールを用いて推進する．bergantín もオールを用いた船だが，ガレー船よりも小型で，帆もついていた．
40. **Colmenar de las Arenas:** ピコ峠近くの村（注 34 を参照）．カルロス 1 世の命を携えた使者とフロリンを護送する一隊が出会った場所．命令では，護送隊と使者が遭遇したその場所で，フロリンを処刑することになっていた．カルロス 1 世はご機嫌斜めだったようだ．
41. **oh Dios que tal has permitido:** que 以下は Dios を修飾している．permitido の目的語である tal が動詞の前にあることに注意．

Texto 2 ★★ [CD1 n° 6]
Determinando la forma de la Tierra
expediciones científicas

♣
Ricardo Cereno Martínez

Las mediciones del meridiano terrestre en los siglos XVI y XVII [1]

Después de las medidas realizadas por los geógrafos griegos, de las llevadas[1] a cabo por el monje budista chino I-Hsing[2] hacia[3] el año 727 y por los astrónomos del califa de [5] Bagdad Al Mamum[4], en el 820, será el francés Jean Fernel quien[5], en 1525, mide la distancia entre Amiens[6] y París — cuya diferencia de latitud suponía que era[7] de un grado — contando las revoluciones de una rueda de su carruaje.

Pero es Willebrord Snellius a quien[8] se le debe atribuir la [10] aplicación del método de la triangulación — utilizado por Gemma Frisius[9] en 1553 — para obtener en Holanda una medición del meridiano en el año 1620. También se efectúan mediciones en Inglaterra, Richard Norwood[10] en 1633, en Italia, los jesuitas Riccioli[11] y Grimaldi[12], y en Francia, el abate Jean [15] Picard[13] en 1666. Las discrepancias entre las medidas obtenidas por unos y otros son motivo de discusión del tamaño de la esfera terrestre, pero no se cuestiona la forma del planeta. Esto sucede a partir de 1672, año en que Jean Richer[14] observa en Cayena[15] que para *batir* la hora de París se ha de acortar la [20] longitud del péndulo[16]; y se convierte en tema de debate en 1677, cuando Halley[17] confirma la variación de los períodos pendulares en cada lugar de la Tierra y llega a la conclusión

Texto 2　Determinando la forma de la Tierra

［解説］
　18世紀末フランス革命政府がダンケルク〜バルセロナ間で大掛かりな測量を行ったことは有名です．度量衡統一の一環として1メートルの長さを決めるのが目的でした．しかし，それには18世紀前半に実施された別の測量事業が前提となっていました．地球の形状が南北に伸びる楕円なのか，東西に長い楕円なのかを確証する事業がそれだったのです．この難題が解決されないとヨーロッパ各国における地図作成の根幹を揺るがす事態を招きかねず，他方で，力学的世界観をめぐるデカルト哲学とニュートン哲学との対決に決着をつける意味もありました．地球の形状に関する事の発端は，緯度の違いによる振り子周期が赤道地帯と温帯地帯で違うことや，国土測量の過程で誤差が生じたことによります．フランス科学アカデミーはデカルト派とニュートン派に分かれ激しく論を戦わせましたが，埒があかず，結局同アカデミーは，緯度1度の長さを測る測地探検隊を組織します．高緯度地域の緯度1度の長さと低緯度地域のそれとを比較すれば，地球の形状が判明すると踏んだわけです．派遣先は，前者としてラップランドが，後者にはエクアドルのキト付近（当時ペルー副王領の一部）が選ばれました．
　この教材では，エクアドルでの探検劇のあらましを扱います．まず子午線測量の歴史に触れたあと，フランス科学アカデミーでの地球の形状を巡る論争を扱い，エクアドルに派遣されたフランス＝スペイン合同探検隊の顛末を述べます．エクアドルが測量地になったのには理由があります．当時のスペイン王家はフランスと同じブルボン家で，その初代国王フェリーペ5世はフランスの"太陽王"ことルイ14世の孫にあたりますから，同族の誼で探検に便宜を図ったわけです．探検の結果，極北地域の子午線1度が赤道地域のそれより長く，東西に長い楕円体であることが確認されたほか，山脈で重力が大きくなるブーゲー異常や，欧州にマラリア特効薬のキナが紹介されました．その際，嫉妬と抜け駆けが渦巻き，実に人間味溢れる探検であったとも言えます．

［注］
1. **las llevadas:** 定冠詞＋形容詞（ここでは過去分詞）により，既出の名詞の重複を避けた表現．medidas「測量」が省略．
2. **I-Hsing:** 683–727年．唐の密教僧，天文家である一行のこと．
3. **hacia:** 英語の towards に相当．空間を表す場合は「〜の方へ」，時間を表す場合は「〜の頃」．
4. **Al Mamun:** アル・マームーン．786–833年．アッバース朝7代カリフ．学芸を保護，"知恵の館"を建設．
5. **será el francés Jean Fernel quien, en 1525, mide...:** será...quien は，関係詞 quien が el francés Jean Fernel を限定的に修飾しているのではなく，el francés Jean Fernel を強調した強調構文である．未来形の será は推量を表す．Jean Fernel はジャン・フェルネル（1497–1558年）．仏の測量家．
6. **Amiens:** アミアン．仏の都市．
7. **cuya diferencia de latitud suponía que era...:** cuya は所有格関係代名詞．先

35

2. Hombres atrevidos en el Nuevo Mundo

de que el planeta es un geoide achatado por los polos[18].

Newton[19] — que por esta época está trabajando en sus *Philosophiae Naturalis Principia Mathematica*[20] — atribuye el achatamiento polar de la Tierra a la fuerza centrífuga[21] producida por el giro terrestre alrededor del eje polar, tal y como cree que ha ocurrido en otros planetas. Pero esta teoría es rechazada por los científicos de la Academia de Ciencias de París[22].

Las controvertidas teorías del siglo XVIII sobre la forma de la Tierra

Las mediciones realizadas al norte y al sur de París por los franceses Picard y Jacques Cassini[23] — padre e hijo —, repetidas[24] varias veces entre 1701 y 1735 por otros geógrafos galos, les llevan a concluir que la Tierra no es como una esfera achatada por los polos, sino[25] oblonga, es decir, alargada en el sentido[26] del eje polar, y a rechazar[27] la hipótesis newtoniana del achatamiento. La discrepancia científica se convierte en acre polémica y ésta en antagonismo nacional.

El deseo de resolver científicamente la controversia entre las dos teorías — que de parte de los franceses partidarios de Cassini adquirió tintes nacionalistas —, convence a los miembros de la Academia de Ciencias de París de[28] la necesidad de realizar observaciones astronómicas de mediciones geodésicas[29] para obtener datos precisos sobre la correspondencia de los valores angular y lineal de dos porciones de meridiano en dos lugares alejados de la Tierra: Laponia[30] y el virreinato del Perú[31] son los parajes elegidos por los académicos franceses para efectuarlas.

Aparte de la utilidad científica, la medición del meridiano y la determinación de la forma de la Tierra son cuestiones de interés político, estratégico, económico y social, por cuanto[32] significan un mejor conocimiento dimensional del planeta, necesario para obtener representaciones cartográficas y geodésicas[33] más conformes con la realidad que las vigentes[34] a principios del siglo XVIII.

Texto 2　Determinando la forma de la Tierra

行詞は distancia．cuya の導く句は，que 節の era の主語になっている．
8. **es Willebrord Snellius a quien ...**：Snellius を強調した強調構文．Willebrord Snellius はヴィレブロルト・スネリウス（1580–1626 年）．スネルとも呼ぶ．オランダの天文学者．光学上，"スネルの法則"で有名．
9. **Gemma Frisius**: ゲンマ・フリジウス．1508–55 年．オランダの地理学者．メルカトルの師．
10. **Richard Norwood**: リチャード・ノーウッド．1590–1675 年．英の測量家．
11. **Riccioli**: リッチョーリ．1598–1667 年．伊の天文学者．イエズス会士．
12. **Grimaldi**: グリマルディ．1618–1663 年．伊の天文学者．イエズス会士．
13. **abate Jean Picard**: ジャン・ピカール．1620–1682 年．仏の天文学者．abate は「司祭」．
14. **Jean Richer**: ジャン・リシェール．1630–1696 年．仏の天文学者．
15. **Cayena**: カイエンヌ．現フランス海外県の一つギアナの中心都市．
16. **para batir la hora de París se ha de acortar la longitud del péndulo**: 赤道地帯では中緯度のパリに比べ重力加速度が小さいので，振り子の一振りする時間が長い．それゆえ，赤道地帯において，パリで一振りする時間と同じにするには，振り子の糸を短くする必要がある．
17. **Halley**: エドマンド・ハリー．1656–1743 年．英の天文学者．
18. **geoide achatado por los polos**: 南北に潰れたジオイド（平均海水面で覆われたとする仮想上の地球）．
19. **Newton**: アイザック・ニュートン．1642–1727 年．英の数学者．
20. *Philosophiae Naturalis Principia Mathematica*: ニュートンの主著『自然哲学の数学的基礎』（1687 年）．『プリンキピア』の名で知られる．
21. **fuerza centrífuga**: 遠心力．
22. **Academia de Ciencias de París**: 仏名は Académie des Sciences de Paris. フランス科学アカデミーのこと．
23. **Jacques Cassini**: ジャック・カッシーニ．1677–1756 年．仏の地図作成家．四代に渡りカッシーニ家が仏の全土の地図を作成．
24. **repetidas** ＜ repetir: mediciones を修飾する過去分詞．
25. **no ... sino ...**：「〜ではなく〜」の意味．英語の not A but B に同じ．
26. **sentido**: 方向．
27. **a rechazar**: 前の a concluir とともに llevar につながる．
28. **convence ... de ...**：「〜に〜を納得させる」．英語の persuade(convince) A of B に同じ．
29. **mediciones geodésicas**: 測地による測量．三角測量による測量のこと．
30. **Laponia**: ラップランド．現スウェーデンとフィンランドの北部．
31. **virreinato del Perú**: ペルー副王領．スペインは国王の代理を派遣して，現ペルー，ボリビア，コロンビア，エクアドルにまたがる地域をこの名で統治した．
32. **por cuanto**: 理由を表す二語の接続詞．
33. **representaciones cartográficas y geodésicas**: 地図的で測地学的な表現．地形図

La expedición científica al virreinato del Perú

La misión que se fijaron los académicos franceses componentes de la expedición al Perú — Louis Godin[35], Charles Marie de La Condamine[36] y Pierre Bouguer[37] — estaba perfectamente definida: determinar lineal y angularmente[38] la medida de una porción de meridiano sobre la superficie terrestre y averiguar la relación numérica de ambas medidas. Sin embargo, no estaba tan clara la forma de realizar las mediciones.

Las cuestiones debatidas en el seno de la Academia de Ciencias, sobre la conveniencia de medir bien un arco de meridiano y un arco de Ecuador, o sólo un arco de meridiano, y de realizar la medición sobre el nivel del mar o sobre la superficie de la tierra[39], se reproducen cuando los expedicionarios franceses y los españoles — Jorge Juan[40] y Antonio de Ulloa[41] —, que se reunieron en Cartagena de Indias[42] y cruzaron después el istmo centroamericano, zarpan de Panamá el 22 de febrero de 1736 rumbo a Perú a bordo del navío mercante *San Cristóbal*. Las apasionadas divergencias entre los académicos sobre estos asuntos quedarán zanjadas[43] definitivamente cuando — en febrero del mismo año — el ministro de Marina, Conde de Maurepas[44], fija la tarea de medir solamente un arco de meridiano.

Las posturas discrepantes en cuestiones técnicas del director de la expedición — Louis Godin — con sus colegas — Pierre Bouguer y Charles Marie de La Condamine — y las de éstos entre sí[45], no son un descrédito para ellos ni para los sabios de su época, toda vez que[46] los métodos de trabajo aplicados a la investigación científica apenas han nacido. Era la suya[47] una situación contraria a la de nuestros días en que métodos y técnicas ofrecen a los investigadores una vasta gama de posibilidades, y no pocas veces, más de las que precisan[48].

Tampoco hay acuerdo respecto al[49] lugar donde se deben realizar las mediciones. Mientras Bouguer y La Condamine opinan que el sitio ideal es la zona costera de la provincia de Quito, y consideran innecesario llegar hasta Guayaquil[50] para

Texto 2　Determinando la forma de la Tierra

や地勢図のこと．

34. **las vigentes:** 既出の名詞の重複を避けた表現．representaciones が省略．
35. **Louis Godin:** ルイ・ゴーダン．1704–1760 年．仏の天文学者．西仏合同探検隊隊長．
36. **Charles Marie de La Condamine:** シャルル・マリー・ドゥ・ラ・コンダミーヌ．1701–1774 年．仏の測地家，博物学者．キニーネをヨーロッパに紹介．アマゾン河下りを行う．
37. **Pierre Bouguer:** ピエール・ブゲール．1698–1758 年．地球物理学者．重力異常（いわゆるブーゲー異常で有名）を発見．
38. **lineal y angularmente:** linealmente y angularmente の意味．副詞が 2 つ並ぶとき前者の形容詞を女性形にして mente を省略する．
39. **las cuestiones debatidas ... sobre la superficie de la tierra:** 赤道地帯での測量をどう進めるかで意見が分かれていた．単に南北に走る経線から緯度 1 度の長さを割り出すにとどめるか，それに加えて赤道の経度 1 度の長さをも割り出すかが問題であった．更なる問題には，測量を海上で行なうのか地表で行なうのかということがあった．
40. **Jorge Juan:** 1713–1773 年．スペインの海軍士官．数学者．
41. **Antonio de Ulloa:** 1716–1795 年．スペインの海軍士官．博物学者．
42. **Cartagena de Indias:** カルタヘーナ・デ・インディアス．現コロンビア，カリブ海沿岸の都市．
43. **quedarán zanjadas:** quedar＋zanjar の過去分詞で受身文．「解決されることになるだろう」の意味．方針を一本化したのである．
44. **el ministro de Marina, Conde de Maurepas:** 1701–1781 年．仏の海軍大臣モールパ伯．
45. **las de éstos entre sí:** las は posturas discrepantes をさす．éstos は辞書的には「後者」の意，ここでは連記されている 2 人を指す．逆に Godin は前者だから aquél となろう．entre sí は「互いに」の意味．従ってここでは，ゴーダン対ブゲール・コンダミーヌ連合の争いに加え，ブゲールとコンダミーヌ同士の間でも仲違いしている．
46. **toda vez que . . . :** 理由を表す三語の接続詞．「～なので」．
47. **la suya:** 冠詞＋所有代名詞は，先述あるいは後述の名詞の重複を避ける言い方．su（＝探検隊のメンバーの）situación の意味．
48. **más de las que precisan:** las = posibilidades．比較の対象が数量や抽象的な内容の場合は，que ではなく de を使う．数量が節の形で提示される場合は，del que を使い，del は比較される名詞と性数一致させる．Ej.: Él gasta más dinero del que gana.「彼は稼ぐ以上にお金を使う」．
49. **respecto a(l) . . . :** ～に関して．
50. **Guyaquil:** グアヤキル．現エクアドルの都市．野口英世の研究場所として有名．
51. **llegar hasta Guayaquil para trasladarse luego a la capital del virreinato:** ここで para は不定詞を伴い，結果を表す．「グアヤキルに到着したあと副王領の首

trasladarse luego a la capital del virreinato[51], Godin piensa que es mejor atenerse a las reales cédulas dictadas por el Rey de España, Felipe V[52], que aconsejan la región próxima a Quito por motivos de seguridad y de apoyo logístico[53] para los miembros de la expedición. La abrupta geografía de la comarca de Manta[54] — lugar donde desembarcan Bouguer y la Condamine para trasladarse a Quito por vía terrestre — refuerza la postura de Godin de proseguir viaje por mar hasta Guayaquil con los representantes españoles y los demás miembros de la expedición mientras sus colegas de la Academia de Ciencias hacen el camino por el interior del país. Según dirán después, el terreno por el que transitaron habría sido muy adecuado para las mediciones geodésicas que tenía que realizar la expedición[55].

La insistencia de Godin en trasladarse hasta Quito va a significar un gran beneficio para la ciencia a la vista de los múltiples logros alcanzados por los expedicionarios, que en los ocho años de estancia en Perú tendrán ocasión de efectuar una multitud de experiencias y estudios que no se habrían realizado si los trabajos de medición se hubiesen cumplido[56] en un período de tiempo más breve.

La prolongación de las tareas en el tiempo será particularmente importante para la formación científica de los jóvenes Jorge Juan y Antonio de Ulloa, que sabrán sacar buen partido de[57] los ocho años largos que transcurren desde que llegan a Manta hasta que finalizan en Mira[58] las últimas medidas geodésicas y observaciones astronómicas, el 21 de mayo de 1744.

Ricardo Cereno Martínez, "La participación española en la medición del meridiano", en Museo Naval, *La forma de la tierra: medición del meridiano 1736–1744*, Madrid: Museo Naval, 1987, pp. 4–6. [担当：前田伸人]

都に赴くこと」，の意味．
52. **Felipe V:** ブルボン朝スペイン国王フェリーペ5世．1683–1746年．
53. **apoyo logístico:** 補給の援助．
54. **Manta:** マンタ．現エクアドルの都市．当時，逃亡黒人奴隷の集落が点在，スペイン政府に従わず．
55. **el terreno por el que transitaron habría sido muy adecuado ... expedición:** por el que は前置詞＋関係代名詞の表現で先行詞は terreno．habría sido は過去未来完了形，過去の推量を表す．ブゲールとコンダミーヌは自分たちが歩んだ海岸近くこそ測量に適していたと考えていたようだ．そこでマンタで下船してキトへ向かった．一方，隊長のゴーダンとスペイン海軍士官の二人はグアヤキルまで海路で進み，その後キトへ向かった．費用の点からは前者の主張が正しいだろうが，安全や気候の点では後者の選択が正しかったと思われる．
56. **que no se habrían realizado si los trabajos de medición se hubiesen cumplido ... :** 帰結文は -se 形を用いた接続法過去完了になっている．過去の反実仮想が埋め込まれた文章で，si の節が条件文．
57. **sacar buen partido de ... :** 〜から十分な成果を得る．
58. **Mira:** 現エクアドルの地名．測量の北端にあたる町．

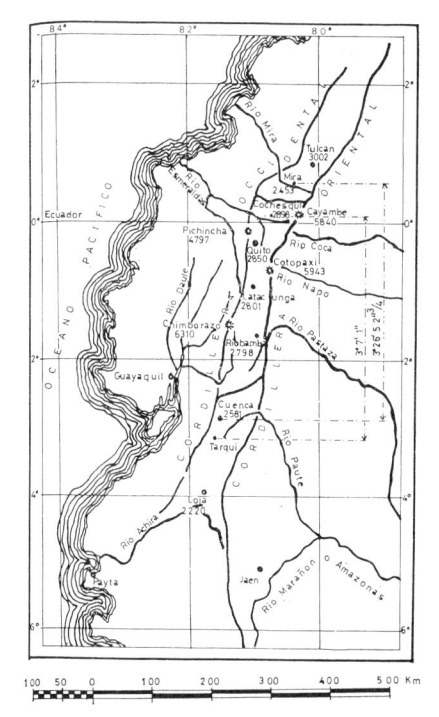

測地探検が実施された地域の地図．

Texto 3 ★★★ [CD1 n° 7]
La carta de Jamaica

♣

Simón Bolívar

[...] Todavía[1] es más difícil presentir la suerte futura del [1]
Nuevo Mundo, establecer principios sobre su política[2] y casi
profetizar[3] la naturaleza del gobierno que llegará a adoptar.
Toda idea relativa[4] al porvenir de este país[5] me parece aventurada. ¿Se pudo prever cuando el género humano se hallaba [5]
en su infancia, rodeado de tanta incertidumbre, ignorancia y
error, cuál sería el régimen que abrazaría para su conservación[6]? ¿Quién se habría atrevido a decir[7]: tal nación será república o monarquía, ésta será pequeña, aquélla grande[8]? En mi
concepto, ésta es la imagen de nuestra situación. Nosotros so- [10]
mos un pequeño género humano; poseemos un mundo aparte, cercado por dilatados mares, nuevo en casi todas las artes
y ciencias aunque en cierto modo viejo en los usos de la sociedad civil[9]. Yo considero el estado actual de la América[10], como
cuando desplomado el Imperio Romano cada desmembra- [15]
ción formó un sistema político[11], conforme a sus intereses y
situación o siguiendo la ambición particular de algunos jefes,
familias o corporaciones[12]; con esta notable diferencia, que
aquellos miembros dispersos volvían a restablecer sus antiguas naciones[13] con las alteraciones que exigían las cosas o los [20]
sucesos; mas[14] nosotros, que apenas conservamos vestigios de
lo que en otro tiempo[15] fue, y que por otra parte no somos indios ni europeos, sino una especie media entre los legítimos
propietarios del país y los usurpadores españoles: en suma,

Texto 3　La carta de Jamaica

[解説]

　シモン・ボリバル Simón Bolívar（1783–1830 年）はラテンアメリカの独立運動指導者で，現在のベネズエラ，コロンビア，エクアドル，ペルー，ボリビアをスペイン支配から解放した人です．「ジャマイカ書簡」（1815 年 9 月 6 日付）は彼の著作の中でおそらく最も有名なものでしょう．このときボリバルは 1810 年以来続いてきた独立運動がいったん挫折して，イギリス領ジャマイカに亡命していました．そういうとき，地元の人が，スペイン領南アメリカ植民地の独立運動の現状と将来について寄せたいくつかの質問に，一問一答形式で答えたのがこの書簡です．

　ふつうの組み方で 20 ページほどの短いものですが，力のこもった文章で，書き手の文才，学識，情報収集力，そして政治指導者としての見通しの確かさがありありと感じられます．ボリバルはこのときナポレオン戦争後の新情勢のもとでイギリスを味方にひきこもうとしていて，この書簡もそのための宣伝材料のひとつだったのですが，このときはうまくいきませんでした．

　「ジャマイカ書簡」といえばいちばん有名なのは，スペイン領南アメリカ植民地は独立後どうなるのか，政体は君主国になるか共和国になるか，という質問に答えて，15〜17 個の共和国になるだろう，というおどろくほど正確な予測を示した箇所です．しかしここではそのセクションの冒頭に近い，植民地の住民の政治的経験の不足を論じた箇所を選びました．ブレない論理，派手な修辞と学識の誇示，共和主義の理想と現実政治の相克，内なる知識人と政治指導者のせめぎ合いといった，ボリバルらしい特徴がよく出ていると思ったからです．200 年前の文章だから語彙の使い方が今と違っていて，相当な難物です．史料解説的な注も少しつけてみました．

[注]

1. **todavía:** 比較表現を強める副詞．もっと，なおいっそう．
2. **establecer principios sobre su política:** 訳しにくいが，「その政治がのっとっている諸原理を見定める」くらいか．
3. **casi profetizar:** casi は「どちらかというと」．「予測」とよぶにはあまりにも根拠薄弱でむしろ（神がかりの）「予言」に近いというわけ．
4. **relativa a ...:** 〜に関連する，関係のある．
5. **este país:** el Nuevo Mundo を指す．後出の la América と同じくスペイン領アメリカ植民地のこと．
6. **su conservación:** （自己）保存．「サバイバル」，「わが身の安全をはかる」といったニュアンス．
7. **se habría atrevido a decir:** この過去未来完了は「人類の原始時代にそのような観察者がいたとして」という暗黙の仮定（非現実的）の帰結文であるため．
8. **ésta será pequeña, aquélla grande:** この国 nación は小国になり，あの国は大国になるだろう．
9. **nuevo en casi todas las artes y ciencias aunque en cierto modo viejo en los usos de la sociedad civil:** この nuevo/viejo は「（腕前が）未熟な／老熟した」の意味．la sociedad civil は現代語なら「市民社会」だが，要するに国家や政府

2. Hombres atrevidos en el Nuevo Mundo

siendo nosotros americanos por nacimiento y nuestros derechos los de Europa, tenemos que disputar éstos a los del país y que mantenernos en él contra la invasión de los invasores[16]; así nos hallamos en el caso más extraordinario y complicado; no obstante que es una especie de adivinación[17] indicar cuál será el resultado de la línea de política que la América siga, me atrevo a aventurar algunas conjeturas, que desde luego, caracterizo de arbitrarias, dictadas por un deseo racional y no por un raciocinio probable[18].

La posición de los moradores del hemisferio americano ha sido por siglos, puramente pasiva: su existencia política era nula. Nosotros estábamos en un grado todavía más bajo de la servidumbre, y por lo mismo con más dificultad para elevarnos al goce de la libertad[19]. Permítame Vd. estas consideraciones para establecer la cuestión. Los estados son esclavos por la naturaleza de su constitución o por el abuso de ella[20]. Luego un pueblo es esclavo cuando el gobierno, por su esencia o por sus vicios, huella[21] y usurpa los derechos del ciudadano o súbdito. Aplicando estos principios, hallaremos que la América no sólo estaba privada de su libertad sino también de la tiranía activa y dominante[22]. Me explicaré. En las administraciones absolutas no se reconocen límites en el ejercicio de las facultades gubernativas: la voluntad del gran sultán, kan, bey[23] y demás soberanos despóticos es la ley suprema y ésta es casi arbitrariamente ejecutada por los bajaes, kanes y sátrapas[24] subalternos de la Turquía y Persia, que tienen organizada una opresión de que participan los súbditos en razón de la autoridad que se les confía[25]. A ellos está encargada la administración civil, militar y política, de rentas[26] y la religión. Pero al fin son persas los jefes de Ispahan[27], son turcos los visires del Gran Señor[28], son tártaros los sultanes de la Tartaria. La China no envía a buscar mandatarios militares y letrados al país de Gengis Kan[29], que la conquistó, a pesar de que los actuales chinos son descendientes directos de los subyugados por los ascendientes de los presentes tártaros.

¡Cuán diferente era entre nosotros! Se nos vejaba con una conducta que además de privarnos de los derechos que nos

Texto 3　La carta de Jamaica

と直接に関わりのない，名望家や庶民が構成する世の中のこと．そういう世の中を切りまわすたとえば地方自治体運営のコツはある程度身についているが，国家の運営は右も左もわからない，というわけ．

10. **el estado actual de la América:** la América はここではスペイン領アメリカ植民地を指す．アメリカ大陸にはすでに独立したアメリカ合衆国もあればポルトガル領ブラジルもあるのだが，スペインとその植民地ではこの呼び方はごくふつうであった．

11. **cada desmembración formó un sistema político:** desmembración は動物を解体して四肢（miembros）をバラバラにすること．ここではバラバラになった部分ひとつひとつを指す．スペイン領アメリカ植民地の独立をローマ帝国の崩壊にひきくらべたこの箇所は有名．

12. **corporaciones:** 団体．現代ならばこの言葉はふつう株式会社など法人大企業を指すが，この時代まだそういうものはない．当時この言葉は教会（あるいはむしろその中の聖職者集団 clero）やギルド（職能団体や信心会）を指し，ボリバルなど個人主義を是とする当時の自由主義者はこの言葉を否定的な意味で使うのがつねであった．

13. **volvían a restablecer sus antiguas naciones:** ローマ帝国が滅びたあと，その属州であったガリアやブリタニアやヒスパニアは，征服される以前のそれぞれのネーションを再設立したのであり，そうしてできたのが今のフランスやイギリスやスペインだ，というのである．この考え方は現代の歴史学の理解とはぜんぜん違うが，国粋的ロマン主義が強かったこの時代ならばありえた．

14. **mas:** しかし（= pero）．アクセント符号がないことに注意．最近まで用いられた文語的語彙．

15. **en otro tiempo:** スペインによる征服以前，アステカ帝国やインカ帝国の時代．

16. **siendo nosotros americanos por nacimiento y nuestros derechos los de Europa, tenemos que disputar éstos a los del país y que mantenernos en él contra la invasión de los invasores:** siendo は nosotros と americanos だけでなく，nuestros derechos と los de Europa をもイコールでつなぐ．「われわれ（植民地人）は生まれからすればアメリカ人であるが，われわれの権利（アメリカを統治する権利）はヨーロッパ（がアメリカに対して行った征服と植民地化）に由来するものである」．éstos は nuestros derechos，los del país はアメリカ先住民，él は el país，los invasores はスペイン植民地当局を指す．先住民とスペイン本国人の間で板挟みになった植民地人の道徳的に微妙な立場を客観的に直視しており，ボリバルの現実主義がよく現れた箇所である．

17. **adivinación:**「占い」だが，ここでは「（確かな根拠のない）あてずっぽうの推測」の意味．英語の guess に近いがもっと否定的．

18. **dictadas por un deseo racional y no por un raciocinio probable:** 同じ語源 razón から発した2つの言葉を意図的に対置させた一種の撞着語法 oxymoron．「（そのような予測をあえてするのは）理性というものに本来備わった意欲に動かされてであり，的中確率が問われるような推理によってではない」．

2. Hombres atrevidos en el Nuevo Mundo

correspondían, nos dejaba en una especie de infancia permanente con respecto a las transacciones públicas. Si hubiésemos siquiera manejado nuestros asuntos domésticos en nuestra administración interior, conoceríamos el curso de los negocios públicos y su mecanismo, y gozaríamos también de la consideración personal[30] que impone a los ojos del pueblo cierto respeto maquinal que es tan necesario conservar en las revoluciones. He aquí por qué he dicho que estábamos privados hasta de la tiranía activa, pues que no nos era permitido ejercer sus funciones.

Los americanos, en el sistema español que está en vigor, y quizá con mayor fuerza que nunca, no ocupan otro lugar en la sociedad que el de siervos propios para el trabajo, y cuando más[31], el de simples consumidores; y aun esta parte coartada con restricciones chocantes: tales son las prohibiciones del cultivo de frutos de Europa, el estanco de las producciones que el Rey monopoliza[32], el impedimento de las fábricas que la misma Península no posee, los privilegios exclusivos del comercio hasta de los objetos de primera necesidad, las trabas entre provincias y provincias americanas, para que no se traten, entiendan, ni negocien[33]; en fin, ¿quiere Vd. saber cuál es nuestro destino[34]? los campos para cultivar el añil, la grana[35], el café, la caña, el cacao y el algodón, las llanuras solitarias para criar ganados, los desiertos para cazar las bestias feroces, las entrañas de la tierra para excavar el oro que no puede saciar a esa nación avarienta.

Tan negativo era nuestro estado que no encuentro semejante en ninguna otra asociación[36] civilizada, por más que recorro la serie de las edades y la política de todas las naciones. Pretender que un país tan felizmente constituido, extenso, rico y populoso, sea meramente pasivo, ¿no es un ultraje y una violación de los derechos de la humanidad?

Estábamos como acabo de exponer[37], abstraídos, y digámoslo así, ausentes[38] del universo en cuanto[39] es relativo a la ciencia del gobierno y administración del estado. Jamás éramos virreyes[40] ni gobernadores, sino por causas muy extraordinarias; arzobispos y obispos pocas veces; diplomáticos

Texto 3　La carta de Jamaica

19. **Nosotros estábamos en un grado todavía más bajo de la servidumbre, y por lo mismo con más dificultad para elevarnos al goce de la libertad.:** 植民地統治下における自分たちの境遇が「隷属よりもさらにもうひとつ下の段階」(todavía más bajo de の de は比較で「～よりも」)だったというわけだが，「自由／隷属」という二項対立が前提なのだからこの言表は自家撞着であり，意図的な逆説である．この逆説から出発してボリバルは，「隷属」には「国内的専政」と「植民地支配」の2つの意味があり，その2つのあいだでは後者の方がより大きな悪なので，植民地人は独立達成のために，革命指導部に専政的権力を委任することをためらうな，という方向へ議論をもっていこうとしている．ところがそうなると，このフレーズの末尾の「la libertad 自由」もまた，「独立」と「国内的専政からの自由」の両義を帯びるわけで，10年後に「独立」が達成されたときボリバルは窮地に立つことになる．
20. **Los estados son esclavos por la naturaleza de su constitución o por el abuso de ella.:** ここで「国が奴隷 esclavos である」という意味は，その国が国内的専制下にあるという意味で，植民地支配下にあるという意味ではない．constitución は今では「憲法」，せいぜい「国制」だが，この時代にはその国が「(もって生まれた) 体質」くらいの意味であった．したがって「ある国が専政国家であるのは，生得の体質のしからしむる結果である場合も，それが (一時的に) ねじ曲げられた結果である場合もある」くらいの意味．次のセンテンスの por su esencia o por sus vicios もほぼ同義．
21. **huella** < hollar: 踏みにじる，抑圧する．
22. **la América no sólo estaba privada de su libertad sino también de la tiranía activa y dominante:** activa がパラグラフ冒頭のセンテンスにある pasiva の反対語であることに注意．現ヨーロッパ諸国の君主制を非として古代ローマ共和制を称揚する共和主義者ボリバルにとって，スペイン領アメリカが強いられているこの政治的受動性こそは植民地支配の最大の悪であった．ここは知識人ボリバルの共和主義思想が露出している箇所である．
23. **gran sultán, kan, bey:** スルタンが支配するオスマン・トルコ帝国 Turquía やハーンが支配するモンゴル帝国 Tartaria は当時のヨーロッパ人がイメージする代表的な東洋専政国家であった．ただしベイはオスマン帝国の地方官であって主権者 soberano ではない．
24. **bajaes, kanes y sátrapas:** bajá はパシャ (オスマン帝国の州知事)．サトラップは古代専政国家の代表格であるアケメネス朝ペルシアの地方長官．
25. **una opresión de que participan los súbditos en razón de la autoridad que se les confía:** en razón de は「～に比例して」．「各臣民が自分に委任されている権限の大小に応じてそれぞれ専制政治に参画したのである」．
26. **rentas:** ここでは税収など国庫収入の意味．「財政」と訳しておくのが無難．
27. **los jefes de Ispahan:** イスファハンは旧サファヴィー朝ペルシアの首都 (16世紀末～18世紀前半) なので，jefes は同王朝の宰相か地方官と思われる．
28. **los visires del Gran Señor:** visires (単数 visir) はヴェズィール (オスマン帝国

47

2. Hombres atrevidos en el Nuevo Mundo

nunca; militares, sólo en calidad de subalternos; nobles[41], sin privilegios reales; no éramos, en fin, ni magistrados, ni financistas y casi ni aun comerciantes: todo en contravención directa de nuestras instituciones[42] [. . .].

[100]

ベネズエラ西部メリダ市のボリバル銅像

台座の文字．ボリバルに「リベルタドール（解放者）」という称号を奉呈したのはわがメリダ市が最初であった（1813年5月23日），と記されている．

Simón Bolívar, *Doctrina del Libertador*, Biblioteca Ayacucho, No1, 3a edición, Caracas: Fundación Biblioteca Ayacucho, 1985, pp. 61–64.［担当：髙橋均］

Texto 3　La carta de Jamaica

の宰相）．el Gran Señor はパディシャー（padishah 大王，ペルシア語）の直訳でオスマン皇帝を指す．
29. **la China no envía a buscar mandatarios militares y letrados al país de Gengis Kan:** この enviar は「（人を）派遣する，使いに出す，出張させる」の意味．a＋不定詞がつくと「(特定されない誰かを）派遣して～させる」の意味になる．元代の中国人といえどもモンゴルから来てもらった軍官や文官に統治されていたのではない，という意味．
30. **gozaríamos también de la consideración personal:** この consideración は自分が「配慮」することではない．逆に他人から「配慮」を引き出すような資質，つまり政治指導者として民衆から自然に重んじられるような「威厳」「貫禄」「重み」である．
31. **cuando más:** せいぜい．
32. **el estanco de las producciones que el Rey monopoliza:** estanco ＝「専売」とどの辞典にもあるが，あるいは「専売」という日本語自体がなかばすでに死語かも知れない．「専売」とは，食塩など生活必需品や，タバコなど習慣性のある商品の流通を役所や国営企業が独占し，生産者からの仕入れ値より高い値段で消費者に売ってその差益を財政収入とする制度である．現「日本たばこ産業（株）」は 1985 年に民営化される前は「日本専売公社」であってタバコと塩の流通を独占していた．スペイン領植民地にも 18 世紀にタバコの専売が導入されて主要財源のひとつとなっていた．
33. **las trabas entre provincias y provincias americanas, para que no se traten, entiendan, ni negocien:** provincias が 2 つあるのは底本のまま．相互の再帰代名詞 se は 3 つの動詞すべてにかかる．アメリカ植民地の諸地方同士の海上交通・通信・貿易の禁止．
34. **nuestro destino:**「運命」ではない．スペイン人にとっての植民地の「用途」「使用目的」．
35. **grana:** コチニール色素．サボテンに寄生する昆虫コチニールカイガラムシからとれる染料原料で鮮やかな紅色である．
36. **asociación:** ここでは sociedad と同じ意味．
37. **como acabo de exponer:**「たった今説明したように」．acabar de＋不定詞は「～したばかりだ」という成句である．
38. **ausentes:** 直前に出る abstraídos とほぼ同じ意味．放心していた，ぽけーっとしていた．
39. **cuanto:** cuanto は関係形容詞だがこのように todo cuanto の todo を省略した使い方がある（結果的に独立用法の関係代名詞になる）．
40. **virreyes:** 副王．植民地総督のうちいちばん格が高い職名．全植民地に 4 人しかいない．このパラグラフは修辞学でいう「列挙」の迫力ある実例である．
41. **nobles:** 植民地人には政治的実権はなかったが爵位を持つものはかなりいた．
42. **todo en contravención directa de nuestras instituciones:** なぜ「違反」であるかの説明は次のパラグラフにある．引用した箇所からはわからない．

49

3

❖

España, la tradición y la cultura

Texto 1 ★★ [CD1 n° 8]
Cantar de mio Cid
de la voz al oído

♣

Alberto Montaner

Los únicos datos seguros que poseemos sobre la forma de [1] difusión del *Cantar*[1] son los que, directa o indirectamente[2], proporciona el códice único[3]. Los indirectos se refieren a las diversas modificaciones del texto que ocasionales lectores[4] realizaron al leerlo, corrigiendo errores o lo que ellos reputa- [5] ban por tales[5]. Constituyen casos relativamente excepcionales de lectura en privado, realizada en un escritorio, con el volumen sobre el atril y pluma y tintero al lado. El testimonio directo es el del colofón[6] del intérprete[7], en el que se señala el fin de la lectura o recitación en voz alta, hecha con el códice a [10] la vista. Éste parece haber sido un procedimiento más habitual de difusión, puesto que la misma[8], en la Edad Media, se realizaba esencialmente por la ejecución oral ante un auditorio.

Sin embargo, lo que se conoce de la difusión de los cantares [15] de gesta permite añadir a estas dos modalidades una tercera, que seguramente era la más usual: la recitación o salmodiado de memoria[9] por parte de un juglar[10] que se acompañaba de un instrumento de música, usualmente de cuerda frotada[11], como la viola o el rabel, o punteada[12], como la cítola[13]. Poco se [20] sabe de la forma concreta de ejecución. Las dos denominaciones que las crónicas alfonsíes[14] otorgan a este género, *fablas*[15] y *cantares*, ambos *de gesta*[16], indican que las posibilidades de recitado[17] y canto coexistían, pero no se sabe si eran fijas para

Texto 1　Cantar de mio Cid

[解説]
　中世スペインの武勲詩『わがシッドの歌 Cantar de mio Cid』は比較的短いので翻訳ならば1日で読めます．成立年代は12世紀中頃と13世紀初めという二説がありますが，いずれにしても非常に古いスペイン語で書かれています．ところが，うれしいことに現代スペイン語を勉強しただけの私たちでも語句の解説がついたテキストさえあれば読み進めていくことはそれほど困難ではありません．スペイン語は歴史的にも地理的にも変化・変異が少ない言語なので，勉強の努力が読書の楽しみで十分報いられるのです．
　この詩は，国王アルフォンソ6世の怒りにふれ王国を追放された主人公の騎士シッドが，それでも王に忠誠を保ち，イスラム教徒の支配する城市を次々に落として，最後はバレンシアを取り戻すというレコンキスタ（国土回復運動）の英雄物語です．猛々しい戦闘シーンばかりでなく，登場人物の心の機微に触れる感動的な情景もあります．シッドは実在の人物ですが，この作品の中では歴史の事実を別にして，理想化された姿で描かれています．
　現存する写本が一つだけなので補充や比較考証ができません．そもそも，オリジナルはどのような形だったのでしょうか．ここで取り上げるテキストは，現代のシッド研究の第一人者アルベルト・モンタネール氏がその伝承形態を推理した興味深い考察です．

[注]
1. **Cantar**: *Cantar de mio Cid*『わがシッドの歌』．cantar は不定詞ではなく「歌」という意味の名詞．mío は現代スペイン語では名詞の後につく形であるが，中世ではこのように名詞の前に置くことができた．中世スペイン語ではアクセント記号をつけない．
2. **directa o indirectamente:** = directamente o indirectamente．mente は形容詞から副詞をつくる語尾であるが，このように mente がつく2つの副詞が o や y などで結ばれると，ふつう最初の副詞は mente を省く．それでも形容詞の部分は女性形にしなくてはならない．
3. **códice único:**「唯一の写本」．proporciona の主語．*Cantar de mio Cid* の唯一の写本は現在マドリードの Biblioteca Nacional（国立図書館）に保管されている．
4. **ocasionales lectores:**「その時々の読者」．12～13世紀から今日まで伝わったこの写本にはいたずら書きも含めていろいろな書き込みがある．
5. **tales:** errores をさす．
6. **colofón:**（作品の）奥付．そこに次の句がある．E el romanz es leido, datnos del vino.「これで物語の朗誦は終わりです．葡萄酒をいただきたい．」
7. **intérprete:**「役者，演奏者」，ここでは「朗誦者」．
8. **la misma:**「それ，そのこと」，ここでは前の difusión「流布」を指す．
9. **salmodiado de memoria:** 暗誦，記憶による詠唱．
10. **juglar:** 吟遊詩人，遍歴芸人．
11. **instrumento de cuerda frotada:** 擦弦楽器．

3. España, la tradición y la cultura

cada poema o si el mismo[18] podía ser presentado de una forma u otra, según las circunstancias. En todo caso, parece que el acompañamiento musical se daba siempre y que usualmente se empleaba como interludio[19], mientras el juglar callaba, bien para subrayar una escena, bien[20] como modo de transición. En cuanto a la melodía del canto, es muy poco lo que se sabe, habiéndose conjeturado[21] que se basaba en los modos de la salmodia gregoriana[22].

Otro aspecto que a veces se ha subrayado es el de la dramaticididad o teatralidad de la ejecución juglaresca. El primer rasgo lo[23] destacó D. Alonso[24], al constatar que la ausencia de verbos introductores del estilo directo[25] les daba a los diálogos un aire parecido al de una obra de teatro, lo que exigía algún tipo de recurso vocal (modulación, inflexión[26]) que permitiese diferenciar unas intervenciones de otras.

El sector del público capaz de leer directamente el códice del *Cantar* queda perfectamente definido por esa capacidad[27] y por el interés en acercarse al texto. Pero, fuera de ese ámbito intelectual, cabe la pregunta de cuál era el auditorio que asistía a la lectura en voz alta o a la ejecución cantada del poema.

El público de los juglares podía ser de cualquier clase social, aunque[28] cada juglar no tuviera acceso a toda la gama de auditorios. Para precisar esto hay que tener en cuenta dos circunstancias: que el juglar de gesta constituía un tipo específico dentro de la profesión, frente a los especialistas en otros géneros y, sobre todo, frente a los histriones[29] y saltimbanquis[30], y que había juglares que trabajaban al servicio de reyes, nobles y altos prelados[31], mientras que otros se ganaban la vida al amparo de los concejos o, en fin, andaban errantes ofreciendo sus servicios allí por donde pasaban. En las dos últimas circunstancias[32] el juglar solía trabajar esencialmente con ocasión de alguna solemnidad o festejo, como bodas, bautizos, romerías o ferias. En cambio, en el primer caso[33] actuaba con frecuencia durante las comidas o en la sobremesa; además acompañaban a sus señores en el viaje e incluso[34] al movilizarse los ejércitos[35], ocasión[36] en la que enardecían a los combatientes. El género de esas actuaciones juglarescas, pre-

Texto 1　Cantar de mio Cid

12. **instrumento de cuerda punteada:** 撥弦楽器.
13. **cítola:** = cítara「(楽器) チター」の古形.
14. **alfonsíes:** alfonsí は「アルフォンソ十世 (賢王) の」という意味の形容詞. アルフォンソ10世 (賢王) Alfonso X (Décimo) El Sabio は在位1252–84年. 西洋古典, アラビア語圏, 東洋の様々な分野の文献をカスティーリャ語に翻訳する文化的事業を推進した.
15. *fablas*: 物語.
16. *gesta*: 武勲.
17. **recitado:** 朗唱.
18. **el mismo:** cada poema をさす. poema は男性名詞.
19. **interludio:** 間奏曲.
20. **bien . . . , bien . . . :** 〜のこともあれば, 〜のこともある.
21. **habiéndose conjeturado:** 完了形の現在分詞. ここでは「〜ということは推測されたが」という意味で先行する主文に続く.
22. **salmodia gregoriana:** グレゴリオ聖歌. 現存する最古の聖歌集は10世紀前半のもの.
23. **lo:** 前の el primer rasgo をさす. このように目的語を動詞の前に出してそれを話題にするときは代名詞をおく.
24. **Dámaso Alonso:** ダマソ・アロンソ (1898–1990年). スペインの文献学者, 詩人.
25. **estilo directo:** 直接話法.
26. **modulación, inflexión:** 声色 (の変化), 抑揚.
27. **esa capacidad:** 直前の capaz と関連する. 写本を直接読むことができること.
28. **aunque . . . :** 〜 (接続法過去形) だったとしても.
29. **histriones** ＜ histrión: 道化師.
30. **saltimbanquis** ＜ saltimbanqui: 軽業師.
31. **altos prelados:** 高位聖職者.
32. **las dos últimas circunstancias:** 前の otros se ganaban . . . pasaban をさす.
33. **el primer caso:** 前の el juglar de gesta . . . altos prelados をさす.
34. **e incluso:**「〜でさえ」. y は次に i, hi で始まる語があると e に変わる.
35. **al movilizarse los ejércitos:**「軍が動員されるとき」. 不定詞形 (再帰動詞) movilizarse の意味上の主語が直後の los ejércitos となっている.
36. **ocasión:** 前の acompañaban . . . ejércitos をさす.「それは〜の機会であった」.
37. **al que iba encaminada su función ejemplar:** (叙事詩の) 模範としての働きが目指す対象者, つまり, 叙事詩を自らの 鑑 とすべき人々.
38. **infanzones** ＜ infanzón: 郷士 (下級貴族).
39. **extremadura:** (イスラム王の支配地と接する) 国境地域.
40. **postulación propagandística:** (騎士の模範的な行動様式を) 広く知らしめた作品.

3. España, la tradición y la cultura

sumible en el último caso, solía ser el de los cantares de gesta.

Esta situación, aunque no obliga a suponer que los juglares de gesta actuasen sólo para los nobles y no ante otros auditorios de inferior clase, sí que hace pensar que el público más habitual de la poesía épica era aquél que estaba más íntimamente relacionado con su temática y al que iba encaminada su función ejemplar[37], los caballeros. Esto está en perfecta consonancia con el planteamiento ideológico del *Cantar*, que, si bien es apto para todos los públicos, muestra un anclaje muy firme en un sector determinado de la nobleza, el de los pequeños infanzones[38] de la extremadura[39]. Como obra de arte y como postulación propagandística[40], el *Cantar* se destina pues a auditorios diversos, pero su sitio natural, en el que su virtualidad ejemplar cobra toda su consistencia, es el de un público caballeresco que podía ver en el Cid un héroe no sólo admirable, sino también imitable.

吟遊詩人（ブルゴス市，Santo Domingo de Silos 修道院）

Alberto Montaner, *Cantar de mio Cid*, Barcelona: Crítica, 1993, pp. 27–30. ［担当：上田博人］

Texto 1　Cantar de mio Cid

シッドの騎馬像（ブルゴス市）

シッドの像，Vivar del Cid（ブルゴス市郊外にあるシッド生誕の村）

Texto 2 ★★★ [CD1 n° 9]
Los moriscos y la literatura aljamiada

♣

Luis F. Bernabé Pons

Literatura aljamiado-morisca[1] es el rótulo acuñado desde [1]
hace años para identificar y explicar un tipo de literatura que
fue cultivado por los últimos descendientes en España de la
civilización de Al-Andalus[2]: los mudéjares-moriscos[3]. Se trata
de una literatura escrita en su mayor parte en romance[4] trans- [5]
literado[5] con caracteres[6] árabes y en la que sus autores tratan
de sostener en pie[7] sus principios culturales islámicos[8]. Es,
entonces, una literatura islámica española cuya desaparición
coincide, de forma natural, con la[9] de la específica comunidad
que le dio forma. [10]

De todas las características que normalmente se han apuntado por parte de la crítica para definir y caracterizar a la literatura aljamiado-morisca, una[10] en especial es la que parece responder de una forma más global a su naturaleza: su carácter híbrido, que hace que sea una literatura "extraña". Y lo[11] [15]
es tanto en el sentido de nación, familia o profesión distinta
de la que se nombra o sobreentiende, como[12] también en parte en su sentido de apartamiento de su lugar o sus circunstancias habituales[13].

Su hibridismo parte desde su misma denominación: se tra- [20]
ta de una literatura marginada, hispánica e islámica, que se
define por una palabra árabe, *ayamiyya*[14], "lo[15] no árabe", "la
lengua que no es la árabe". Literatura escrita en lenguas romances[16] con caracteres árabes en un principio y más tarde ya

Texto 2 Los moriscos y la literatura aljamiada

[解説]

「アルハミア文献」とは，「アルハミア文学（アルハミア・モリスコ文学，アルハミア・ムデハル・モリスコ文学）」のことです．「アルハミア（aljamía）」とは，アラビア語の al-adjamiyya「アラビア語でないもの」から派生した言葉で，元来イスラーム教徒がイベリア半島のロマンス諸語をアルハミアと呼んでいましたが，その後，ロマンス諸語をアラビア文字もしくはヘブライ文字で表記したものをアルハミアというようになりました．ここでは，アラビア文字で表記されたアルハミアについて扱います．

15世紀ごろから17世紀にかけて生み出されたアルハミアの担い手は，ムデハルとモリスコです．前者は，レコンキスタ（8世紀以降イベリア半島を支配してきたイスラーム教徒に対してキリスト教徒が推進した国土回復運動）が進展する過程で，キリスト教支配下に住んでいたイスラーム教徒をさします．後者は，最後のイスラーム王朝グラナダ王国が滅亡し（1492年）レコンキスタが完遂したのち，キリスト教支配下において半ば強制的にキリスト教に改宗させられた元イスラーム教徒のことをさします．従って，モリスコとは本来キリスト教徒であるはずですが，実際には，その大多数は共同体内で秘密裏にイスラーム教を信仰の存続を求めた，いわゆる隠れイスラーム教徒であったと考えられています．このようなモリスコのキリスト教社会への同化は困難を極め，ついにはモリスコ追放（1609–1614年）という手段がとられるに至り，追放されたモリスコは主に北アフリカ諸国へと移住しました．

ムデハルの時代に誕生し，モリスコの時代を経て，追放後も存続したアルハミア文学ですが，この「文学」とは文学作品のみならず，宗教，神学，占いの書など多様なテーマに関する著作を含んでいます．そのため，用語の理解を容易にするためここでは「文学」の代わりに「文献」という語を用い，「アルハミア文献」と呼ぶことにしました．

著者は，アリカンテ大学教授，専門はアラブ文学（特にスペイン文学に影響を与えたアラブ文学やアルハミア文学）．主著には，*El Evangelio de Bernabé. Un Evangelio islámico español*（Alicante, 1995）などがあります．

ここに載せた文章は，著者の手により，原文のテキストを若干変更してあります．

[注]

1. **literatura aljamiado-morisca:** アルハミア・モリスコ文学．ここでは「文学」は詩や物語などの文学作品をさすだけでなく，宗教や神学，歴史書や旅行書など多種多様なテーマについて書かれたものすべてをさしている．「アルハミア文献」のこと．アルハミア文献の主な作り手であり，その受容者でもあった「モリスコ」の名を加えて，ここでは，「アルハミア・モリスコ文学」という呼称が用いられている．
2. **Al-Andalus:** イスラーム教支配下のイベリア半島のこと．711年に北アフリカからイスラーム教徒がジブラルタル海峡を渡ってイベリア半島に到来して以来，1492年にイベリア半島の最後のイスラーム王朝ナスル朝グラナダ王国がキリスト教勢力によって滅ぼされるまでのおよそ800年間，イベリア半島にはイス

59

3. España, la tradición y la cultura

directamente en caracteres latinos[17], que será cultivada a lo largo de tres siglos por los mudéjares y moriscos de la Península Ibérica, tanto en su tierra como fuera de ella[18].

No es, por supuesto, la aljamía o lo aljamiado un fenómeno exclusivo de las lenguas peninsulares de España; también se ha dado[19] en otros lugares distintos en circunstancias similares[20], con rasgos compartibles[21] aunque la valoración general haya de ser por fuerza distinta[22].

Con el ya mítico[23] descubrimiento de manuscritos aljamiados en Almonacid de la Sierra[24] (Zaragoza) en el último cuarto del siglo pasado[25], surgió a ojos de los investigadores un importantísimo *corpus*[26] de obras de mudéjares y moriscos que ofrecía muestras fundamentales de una cultura escrita cuyo estudio se encontraba entonces poco menos que[27] en sus inicios. Los listados y catálogos que en los años siguientes fueron publicados por parte de maestros del arabismo español[28], así como los primeros estudios y ediciones alertaron[29] sobre el valor de aquellos escritos.

Pero, lejos de haberse agotado, y como si su carácter "extraño" se prolongara a través de los años, el caudal de la literatura aljamiada[30] ha ido aumentando con el transcurrir del tiempo a través de diversos hallazgos de nuevos manuscritos: en Sabiñán, en Torrellas, en Ocaña, en Urrea de Jalón[31], han ido apareciendo nuevas muestras en sitios insospechados, a las que hay que unir las que se han ido descubriendo en diferentes bibliotecas[32] durante la segunda mitad del siglo XX. Por otra parte, debe también tenerse en cuenta algunos manuscritos que eran conocidos a principio de siglo y a los que se les ha perdido la pista.

Las circunstancias de la decisión del uso del alifato árabe[33] para la expresión de una lengua romance en España a partir del siglo XV es todavía un misterio en vías de[34] solución. Excepto la región de Valencia y el Reino de Granada[35], la práctica totalidad de la población mudéjar-morisca hispana[36] había ido perdiendo su competencia lingüística en la lengua de sus antepasados, el árabe, en un proceso continuo que comienza

Texto 2　Los moriscos y la literatura aljamiada

ラーム勢力が存在した．
3. **mudéjares-moriscos**: mudéjar（ムデハル）は，キリスト教支配下のスペインに住んでいたイスラーム教徒のこと．morisco（モリスコ）は，1492年のグラナダ陥落によるレコンキスタ完遂の後，つまり16世紀以降，キリスト教に強制的に改宗させられたイスラーム教徒のこと．
4. **romance**: ロマンス語．この場合は，当時イベリア半島で使用されていた中世スペイン語をさす．
5. **transliterado**: 翻字（異なる文字体系に置換）された．
6. **caracteres** < carácter: 複数形で「文字」．複数形ではアクセントの位置が移動するので注意．
7. **sostener en pie**: = mantener en pie. そのままの状態に保持する．
8. **Se trata de una literatura escrita ... sus principios culturales islámicos.**: アルハミア文献とは，アラビア語以外の言葉をアラビア文字で表記した文献のこと．つまり，イベリア半島においては，中世スペイン語をアラビア文字を用いて書いた文献，ということになる．(66頁，写真上)
9. **la**: 定冠詞の代名詞化．la = la desaparición.
10. **una**: = una caracterísica.
11. **lo**: 中性の代名詞．すでに言及されている名詞，形容詞をうけて，「そう」．この場合 extraña をさす．
12. **tanto ... como ...**: 〜と同じように〜も，〜も〜も．
13. **como también ... habituales**: イスラーム教徒が本来あるべき状態からかけ離れた状況にある，つまり，モリスコ（隠れイスラーム教徒）がアラビア語を使用せず，またイスラーム教の支配する土地に住むことのできない状況を意味している．
14. **ayamiyya**: アラビア語読みで「アッジャミーヤ」．
15. **lo**: 中性形の定冠詞．lo ＋形容詞で，形容詞を抽象名詞化する．「〜なこと」．
16. **lenguas romances**: ロマンス諸語．ここで複数形が用いられているのは，当時のスペインでは中世スペイン語（カスティーリャ語）のほかに，例えばアラゴン方言（＝アラゴン地方の方言）などのロマンス語も含んでいるから．アルハミア文献の中でも，中世スペイン語のほかに，とりわけアラゴン方言が多くみられる．
17. **caracteres latinos**: ラテン文字．つまりローマ字アルファベットのこと．
18. **Literatura escrita en lenguas romances ... tanto en su tierra como fuera de ella.**: アルハミア文献は，最初の頃はイベリア半島で書かれ，文字はアラビア文字を用いたものだった．その後，モリスコが半島から追放され，半島の外（fuera de ella）においてもアルハミア文献が作られていたが，そのとき，アルハミア文献はラテン文字を用いて書かれていた，ということ．(66頁，写真下)
19. **se ha dado** < darse: 起こる，生じる．
20. **en otros lugares distintos en circunstancias similares**: イベリア半島のほかには，東欧やドイツなど，オスマン帝国の影響下にあった地域においてアルハミ

3. España, la tradición y la cultura

en el siglo XII. Por otro lado, es sabido[37] cómo una parte de la población mudéjar castellana y aragonesa conocía y empleaba, tanto oralmente como de forma escrita, la lengua romance.

Conocedores entonces de las grafías romances ¿por qué el empleo de los caracteres árabes?[38] La razón principal, como ha sido estudiado en diversos trabajos científicos, parece que ha de[39] ser hallada a mitad de camino entre motivos de practicidad y motivos de principio religioso. Los escritores mudéjares, despojados de casi todas sus señas de identidad islámicas, resguardan su último hábito de pertenencia a la *umma*[40] islámica, a la comunidad universal de musulmanes, en la memorización y el empleo de las letras del árabe: la lengua de la revelación[41] del Corán, y , por otra parte, muy posiblemente el único alfabeto en el que una gran mayoría de hispanomusulmanes sería capaz de leer.

Habida cuenta de[42] los relatos en castellano recogidos en sus escritos por los mudéjares, la suya[43] sería una acción "normativa"[44] que legitima el uso de otras lenguas que no sea la árabe, postura ésta que parece tomada directamente del pujante modelo turco-otomano, modelo de sociedad islámica que también empleaba una lengua no-árabe. Se crea, entonces, una "variante islámica[45]" — práctica a la vez que ortodoxa[46] —, de la lengua romance del siglo XVI.

[. . .]

El uso de una lengua romance para expresar realidades religiosas islámicas conlleva unos problemas lingüísticos, literario y teológicos muy determinados[47]. La revelación por parte de Dios del Corán fue hecha en árabe, por lo que los significados religiosos del Islam sólo alcanzan su plena extensión en esta lengua, quedando limitados si los términos son trasvasados[48] literalmente a otro idioma.

Por otra parte, dentro de la utilización de una lengua no árabe en este ámbito, siempre estará presente el peligro de "cristianizar" con exceso unos vocablos que tienen unos exactos significados islámicos pero que difícilmente pueden ser

Texto 2　Los moriscos y la literatura aljamiada

ア文献がみとめられる．この場合アルハミア文献とは，アラビア語でない文章をアラビア文字で表記した文献を意味している．

21. **compartibles**: ＝que se pueden compartir.
22. **aunque la valoración general haya de ser por fuerza distinta**: aunque＋接続法「〜であるかもしれないが，たとえ〜でも」．por fuerza「必然的に」．haya de ＜ haber de＋不定詞「〜のはずである」．アルハミア文献の評価は，それが存在する地域によって異なるものであるということ．
23. **mítico**: ＝famoso o legendario.
24. **Almonacid de la Sierra**: アラゴンの州都サラゴサ近辺の村の名前．
25. **siglo pasado**: ここでは 19 世紀のこと．
26. *corpus*: 資料体．まとまった資料の総体．19 世紀最後の四半世紀に発見された多数のアルハミア文献をさす．アルモナシード・デ・ラ・シエラの文献が発見されるまではアルハミア文献の研究はあまり進んでいなかったが，この発見以降，研究が大きく進歩した．
27. **poco menos que**: ＝casi. 大体，ほとんど，ほぼ．
28. **los listados y catálogos ... del arabismo español**: 19 世紀末から 20 世紀初めにかけての，スペインにおけるアラビア語（文学・文化）の研究者が公刊した語彙集や目録．
29. **alertaron** ＜ alertar: 注意を喚起する．当時は，まだアルハミア文献の重要性が認識されず，研究もほとんどなされていなかったため，そのような社会に対して，アルハミア文献の重要性やその研究の必要性を知らせ，注意を促したということ．
30. **la literatura aljamiada**: 前述の literatura aljamiado-morisca と同義で用いられている．「アルハミア文学」．
31. **en Sabiñán, en Torrellas, en Ocaña, en Urrea de Jalón**: Sabiñán, Torrellas, Urrea de Jalón はサラゴサ近辺の村の名前．Ocaña はトレード近辺の村の名前．
32. **diferentes bibliotecas**: 例えば，ケンブリッジ大学付属図書館など．
33. **alifato árabe**: アラビア語のアルファベット．alifato は，元来アラビア語の子音字の文字列のことを意味するが，アラビア語の子音字は，ほぼそのままアラビア語のアルファベット（＝文字列）をあらわすため，alifato árabe はアラビア文字をさしている．
34. **en vías de ...**: 〜の過程にある．
35. **excepto la región de Valencia y el Reino de Granada**: レコンキスタが進展する過程において，キリスト教徒の支配する土地に居住し続けるイスラーム教徒（＝ムデハル）が増加し，彼らはイスラーム教信仰を続けることを除き，そのほかの分野ではキリスト教社会にゆるやかに同化していった．また，早い時期から有力なイスラーム教徒や知識人たちが半島外へと亡命したため，こうしたムデハル共同体における知識人の不在が先祖伝来の固有の文化，言語の喪失を促すことになった．ただし，バレンシアとグラナダ王国の状況は異なり，この二つの地域ではイスラームの文化や風習が保持された．

3. España, la tradición y la cultura

traducidos mediante una sola palabra a una lengua romance que suele expresar realidades religiosas diferentes. En este sentido, el esfuerzo que realizarán mudéjares y moriscos en sus textos, buscando soluciones meditadas que no les[49] aparten de la ortodoxia islámica, constituye una original aportación al intento de extender el mensaje del Islam en otras lenguas ajenas al árabe.

Esta característica, derivada de un problema religioso, es uno de los elementos fundamentales a la hora de analizar el nivel lingüístico que poseen estos textos, puesto que suele ofrecer una serie de innovaciones léxicas especiales, comenzando por el mismo problema de la transcripción de lenguas romances con grafemas[50] árabes. Por otro lado, el resto[51] de los rasgos lingüísticos nos ofrecen unos textos en los que suelen ser abundantes los arcaísmos[52], los vulgarismos[53] y los aragonesismos[54] como rastro claro del lugar en el que fueron estas obras compuestas[55].

No es de extrañar una fuerte presencia del componente lingüísitico árabe, tanto en el nivel léxico y sintáctico como en el orden semántico, recogiéndose una cantidad determinada de calcos[56] de la lengua árabe que son uniformes en los manuscritos aljamiado-moriscos. De algunas de estas características, especialmente las relacionadas con el árabe, participarán[57] los textos escritos en caracteres latinos, que, además, tienen otras problemáticas particulares[58].

Luis F. Bernabé Pons, "Bibliografía de la Literatura aljamiado-morisca", *Col.leció Xarc Al-Andalus*, Vol.5, Alicante: Universidad de Alicante, 1992. pp. 10–17. ［担当： 愛場百合子］

Texto 2　Los moriscos y la literatura aljamiada

36. **la práctica totalidad de la población mudéjar-morisca hispana...**:「実際にはスペインのムデハル-モリスコ人口の総体は〜」という意味．práctica は「実際の」という形容詞．
37. **es sabido...**:「〜はよく知られている」．sabido は saber の過去分詞で，ser ＋ sabido 〜で，「〜はよく知られた，周知のことである」．
38. **Conocedores entonces...¿por qué el empleo de los caracteres árabes?:** この文章の主語は示されていないが，意味的には los mudéjares y los moriscos が主語で，文意を明らかにするために書き換えると，Si los mudéjares y moriscos conocían las grafías romances, ¿por qué se decidieron a usar los caracteres árabes? のようになる．
39. **ha de:** haber de＋不定詞で，「〜しなければならない」．
40. **umma:** アラビア語で「共同体」．
41. **revelación:** 神の啓示．イスラーム教において，アラビア語は神が啓示のときに用いた神聖な言葉とされる．
42. **habida cuenta de...:** 〜を考慮して．
43. **la suya:** ＝ la acción de los mudéjares.
44. **normativa:**（イスラーム教徒として）規範的な．
45. **variante islámica:**「ロマンス語のイスラーム化された変異体」．アラビア文字を使うことやムデハル特有の語彙の使用など，イスラームの影響を受けたスペイン語を意味する．
46. **práctica a la vez que ortodoxa:** モリスコたちがアラビア語以外のことばを使用することがイスラーム教的に正しいことを正当化しようとしていたという点から「正統的」であり，また，異なることばであっても右から左へ書くというアラビア語と同じ書き方をし，アルハミア文献を書くときにはイスラーム教徒としての自覚を得られたという点から「実用的，実践的」である．
47. **El uso de una lengua romance...literario y teológicos muy determinados.:** イスラーム教の教義をアラビア語以外の言語を用いて説明することは，大変な困難を伴った．というのも，例えば，ある重要な単語を単純に他言語に置き換えて表すことは，原義を損ない，さらには他言語の文化的影響をそこに潜ませる恐れもあったからである．具体例としては，イスラーム教の「礼拝」（assala アラビア語）という特に重要な用語をスペイン語の礼拝（oración）に置き換えることはなかった．というのも，この二つの語の指し示すことは同じではない，つまり，assala というイスラーム教の特別な用語はアラビア語以外で表現することは不可能だと考えられていたからである．この段落の続き，さらに次段落で詳細が述べられている．
48. **tra(n)svasado** ＜ tra(n)vasar: 移し変える、から「移し変えられた」．
49. **les:** ＝ a los mudéjares y moriscos.
50. **grafemas:** 書記素，もしくは字素．文字体系における最小の単位で，ある一つの音を表す記号．ここでは，（アラビア語の）アルファベットとほぼ同義．
51. **el resto:** 意味的には複数をあらわし，動詞も複数形の形をとっている．

3. España, la tradición y la cultura

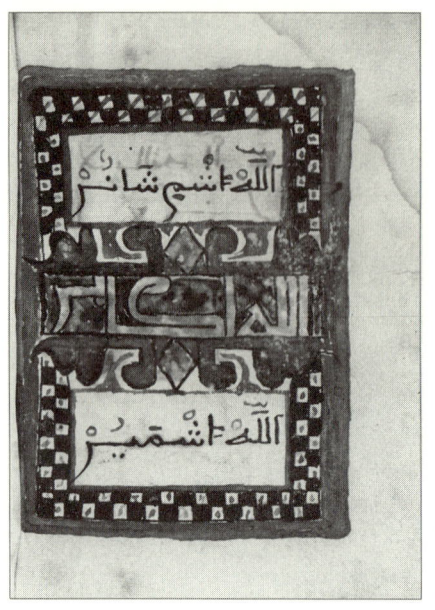

アラビア文字（マグリブ書体）で記された アルハミア．アラビア文字を右から左へ読 み進めると，以下のようなスペイン語の文 章が書かれている．
"Allah es mi señor. Allah akber. Allah es mayor."

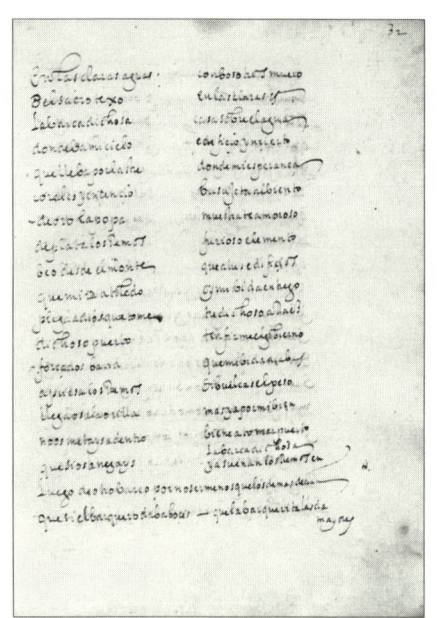

『不幸な者の悔恨』．チュニスに追放された 作者不詳のモリスコの手稿本．
本書は，その大部分がローマ字表記のスペ イン語で書かれており，従って，厳密な意 味ではアルハミアではない．著者は，この 頁で有名なスペイン詩人の詩をほぼ完璧な 形で引用しつつ，遠い故国スペインを偲ん でいる．

Texto 2 Los moriscos y la literatura aljamiada

52. **arcaísmos:** 古語.
53. **vulgarismos:** 俗語.
54. **aragonesismos:** アラゴン方言.
55. **como rastro claro ... estas obras compuestas:** 現在，確認されているアルハミア文献の大部分がアラゴン地方で発見されたものであることから，テクストにはアラゴン方言が多用されている．
56. **calcos:** 言語借用．具体的に，アルハミア文献には三種類の言語借用のタイプがある．
57. **participarán** < participar: 前置詞 de を伴って「～を共有する」という意味．
58. **tienen otras problemáticas particulares:** ラテン文字で書かれた文献は，主に追放後のモリスコが残したものであり，イベリア半島に住んでいたモリスコ（彼らはアラビア文字で書いていた）とは異なる状況のもとで作成されたことを考慮する必要がある．例えば，アラビア語の単語や決まり文句をアラビア文字で表記せず，ラテン文字で書くために，アラビア語に類似したスペイン語の単語であらわすことにより，アラビア語からスペイン語に翻訳もしくは書き写す際に問題が生じたのである．

Texto 3 ★★ [CD1 n° 10]
La rebelión de las masas

♣

José Ortega y Gasset

El imperio que sobre la vida pública ejerce hoy la vulgaridad intelectual es acaso el factor de la presente situación más nuevo, menos asimilable a nada del pretérito[1]. Por lo menos en la historia europea hasta la fecha, nunca el vulgo había creído tener "ideas" sobre las cosas. Tenía creencias, tradiciones, experiencias, proverbios, hábitos mentales, pero no se imaginaba en posesión de opiniones teóricas[2] sobre lo que las cosas son o deben ser — por ejemplo, sobre política o sobre literatura —. Le parecía bien o mal lo que el político proyectaba y hacía; aportaba o retiraba su adhesión, pero su actitud se reducía a[3] repercutir, positiva o negativamente, la acción creadora de otros. Nunca se le ocurrió oponer[4] a las "ideas" del político otras suyas; ni siquiera[5] juzgar las "ideas" del político desde el tribunal de otras "ideas" que creía poseer. Lo mismo en arte y en los demás órdenes de la vida pública. Una innata conciencia de su limitación, de no estar calificado para teorizar, se lo vedaba completamente. La consecuencia automática de esto era que el vulgo no pensaba, ni de lejos[6], decidir en casi ninguna de las actividades públicas, que en su mayor parte son de índole teórica.

Hoy, en cambio, el hombre medio[7] tiene las "ideas" más taxativas sobre cuanto acontece[8] y debe acontecer en el universo. Por eso ha perdido el uso de la audición. ¿Para qué oír, si ya tiene dentro cuanto falta? Ya no es sazón de escuchar,

Texto 3　La rebelión de las masas

[解説]
　オルテガ・イ・ガセットはスペインが生んだ最も有名な思想家の一人です．1883年にマドリードの裕福な家庭に生まれ，21歳の時マドリード中央大学（現在のコンプルテンセ大学の前身）で博士号を取得しました．ドイツへの留学から戻ったオルテガ・イ・ガセットは1910年に母校の講座教授に就任します．彼は祖父と父が新聞の発行に関わっていたこともあって，1917年からは新聞紙上でも文筆活動に従事しました．ここに採用した『大衆の反逆』は1930年に出版されましたが，最初は新聞に折り込む小冊子として発表されたものでした．第一次世界大戦後のヨーロッパには，暴力的な活動も「大衆」の名で正当化する共産主義とファシズムが広がり始めていました．オルテガ・イ・ガセットは過激な政治活動家に容易に扇動されてしまう大量の「大衆」の出現によって，ヨーロッパの社会と文化が危機に瀕しているという警鐘を発したのでした．ここにあげた文章にも明らかなように，彼は，「大衆」は歴史的に確立された規範に基づく思慮深い判断のできない凡庸な人々だと考えました．そのために，オルテガ・イ・ガセットはエリート主義的，貴族主義的で保守的な思想家と見られがちですが，1936年に共和国に対するフランコ将軍の反乱が起こったとき，「共和国と人民の側」に立つと宣言し，やがて亡命することになります．1945年以降はスペイン入国を許されますが，フランコ支配下のスペインでは活躍の場を与えられず，1955年に亡くなるまでのほとんどの時間を主にドイツで過ごしました．フランコの死後，オルテガ・イ・ガセットの再評価が進み，1978年には人文・社会科学の振興を目的に掲げたホセ・オルテガ・イ・ガセット基金が設立されました．

[注]
1. **pretérito:** 過去
2. **opiniones teóricas:** 「事の道理をよく考え抜いた」という意味で「思弁的な」意見．
3. **se reducía a...** < reducirse a...: 〜に帰着する．つまるところ〜となる．
4. **oponer A a B:** AをBに対置する．
5. **ni siquiera...:** ましてや〜することすらない．
6. **ni de lejos:** 少しも〜ない．
7. **el hombre medio:** 凡庸な人間，庶民．
8. **cuanto acontece:** = todo cuanto acontece の todo を省略した関係代名詞 cuanto の独立用法．「起こることすべて」の意味．
9. **ciego y sordo como es:** 倒置法で「目が見えず，耳が聞こえないにもかかわらず」．
10. **en manera alguna.:** 「決してそうではない」．ここでは前文の No representa を受けて No representa en manera ninguna. の意味で使われている．
11. **quien quiera...:** 現在では quienquiera．「〜する者は誰でも，誰が〜しようとも」．
12. **las reglas de juego:** ゲームのルール．

sino, al contrario, de juzgar, de sentenciar, de decidir. No hay cuestión de vida pública donde no intervenga, ciego y sordo como es[9], imponiendo sus "opiniones". [25]

Pero ¿no es esto una ventaja? ¿No representa un progreso enorme que las masas tengan "ideas", es decir, que sean cultas? En manera alguna[10]. Las "ideas" de este hombre medio no son auténticamente ideas, ni su posesión es cultura. La idea es un jaque a la verdad. Quien quiera[11] tener ideas necesita antes disponerse a querer la verdad y aceptar las reglas de juego[12] que ella imponga. No vale[13] hablar de ideas u opiniones donde no se admite una instancia[14] que las regula[15], una serie de normas a que en la discusión cabe apelar. Estas normas son los principios de la cultura. No me importa cuáles. Lo que digo es que no hay cultura donde no hay normas a que nuestros prójimos puedan recurrir. No hay cultura donde no hay principios de legalidad civil a que apelar. No hay cultura donde no hay acatamiento de ciertas últimas posiciones intelectuales a que referirse[16] en la disputa. No hay cultura cuando no preside a las relaciones económicas un régimen de tráfico[17] bajo el cual ampararse[18]. No hay cultura donde las polémicas estéticas no reconocen la necesidad de justificar la obra de arte. [30] [35] [40] [45]

Cuando faltan todas esas cosas, no hay cultura; hay, en el sentido más estricto de la palabra, barbarie. Y esto es, no nos hagamos ilusiones[19], lo que empieza a haber en Europa bajo la progresiva rebelión de las masas. El viajero que llega a un país bárbaro sabe que en aquel territorio no rigen principios a que quepa[20] recurrir. No hay normas bárbaras propiamente. La barbarie es ausencia de normas y de posible apelación. [50]

José Ortega y Gasset, *La rebelión de las masas*, 4a edición, Madrid: Espasa-Calpe, S.A., 1981[1930], pp. 110–112. [担当：恒川惠市]

13. **no vale ... :** 〜する意味がない，〜する価値がない，〜する甲斐がない．
14. **una instancia:** 審判．
15. **regula:** 他動詞 regular の直説法現在形．「(考えや意見を) 整理する，制御する」．
16. **a que referirse:** 関係代名詞 que の後に不定詞がくると「〜すべき」の意味をもつ．referirse a は「〜に言及する，〜を参照する」．
17. **régimen de tráfico:** 取引の体制．ここでは preside の主語．
18. **bajo el cual ampararse:** bajo は前置詞「〜の下で」，ampararse は「権利を保証される」．注 16 と同じで関係代名詞 el cual の後に不定詞がきている．
19. **no nos hagamos ilusiones:** 幻想をもつのはやめよう．
20. **quepa** < caber**:**「〜できる」の接続法現在形．

4

❖

Explorando la naturaleza

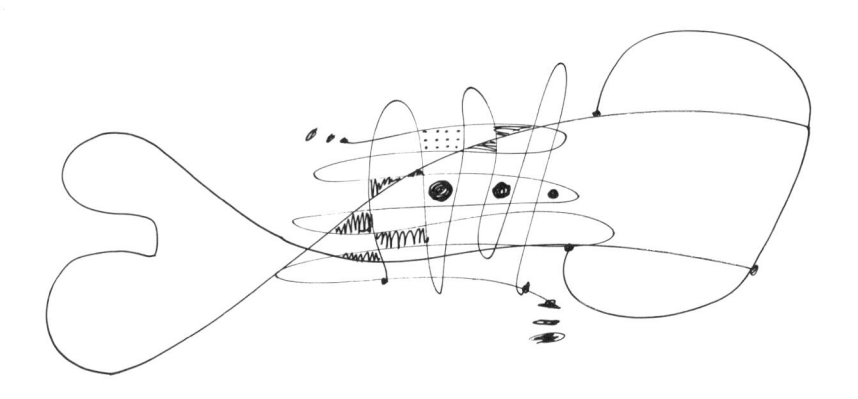

Texto 1 ★ [CD1 n° 11]
El alimento mágico, el pulque

♣

Octavio Paredes López

El pulque fue en Mesoamérica lo que el vino fue para los pueblos mediterráneos[1]. El pulque fue una bebida ritual para los mexicas[2] y otros pueblos de la región. Existen algunos jeroglíficos mayas[3] y un mural en la pirámide de Cholula[4] que destacan el consumo de esta bebida, que ya existía mucho antes de la llegada de los españoles a México[5]. Era la bebida que se daba en las bodas; la que se les daba a beber a los guerreros vencidos que iban a ser inmolados[6]; la que se usaba en importantes ceremonias religiosas, entre otros usos. Estuvo tan arraigada en la cultura autóctona[7], que no bastaron 300 años de esfuerzos de las autoridades coloniales[8] para eliminar su consumo, ni bastaron tampoco muchos años de esfuerzos de la sociedad independiente[9] por desprestigiarla y tratar de sustituirla por[10] otras bebidas obtenidas por fermentación, como la cerveza y el vino, muy altamente prestigiadas por[11] ser originarias de los pueblos europeos, cuya cultura se ha impuesto[12], y que[13] cuentan con[14] los medios masivos de comunicación para exaltar sus virtudes y el buen gusto que implica el consumirlas y ofrecerlas.

A pesar, pues, del constante bombardeo propagandístico[15] de los medios de comunicación, no se ha logrado eliminar la práctica ancestral de consumir pulque en diversas comunidades rurales y urbanas. Sin embargo, debe reconocerse que ha ocurrido en el México actual[16] un decremento significativo en

Texto 1　El alimento mágico, el pulque

[解説]

　メキシコをはじめとするメソアメリカ（Mesoamérica）地域で古くから親しまれている地酒，プルケ（pulque）を紹介した文章です．プルケは，アガーベ（agave）ないしマゲイ（maguey）と呼ばれる耐乾性の植物から採れる蜜（aguamiel）を発酵（fermentar）させたものです．独特の味わいがあることに加え，栄養価も高く，スペインにより同地域が植民地化される以前から現在に至るまで，家庭（hogar）であるいは酒場（pulquería）で，多くの人びとの喉を潤し，疲れを癒してきました．為政者による，度重なる抑制の試みにも耐えてきました．

　しかし，この文化的にも重要な飲み物の消費は，ビール（cerveza）やワイン（vino）といった西欧起源のアルコール飲料に圧され，近年では減少する傾向にあります．その理由は，瓶や缶に詰めて保存することが難しいという技術的要因のほかに，本文中でも触れているように，ビールやワインの製造と販売にかかわる企業の宣伝攻勢，さらには，それらと比べて地酒のプルケを「貧しい先住民の」,「田舎者の」飲み物とさげすむ偏見に求めることができます．このように，支配と被支配，技術革新とイメージ操作も含む，歴史の荒波に翻弄されてきたものの，メソアメリカの風土に根差したプルケの豊かな伝統が途絶えることはないでしょう．

[注]

1. **mediterráneos:** 地中海地域の．
2. **los mexicas:** メシーカ族の人びと．後に出てくるアステカ族（los aztecas）と同一である．
3. **jeroglíficos mayas:** マヤ族の象形文字．
4. **Cholula:** チョルーラ，先植民地期の都市の1つ．
5. **la llegada de los españoles a México:** メソアメリカを支配したアステカ帝国は，1521年にスペインに征服され，以後3世紀にわたってメキシコはスペインの植民地となった．
6. **inmolados** ＜ inmolar: 生贄にささげる，から「生贄にされる」．
7. **autóctona:** 固有の，土着の．
8. **las autoridades coloniales:** 植民地政府．
9. **la sociedad independiente:** スペインから独立した後の社会．ここでの「社会」とは具体的には，一部政府，ビールやワインの製造と販売に従事する企業，プルケを蔑視するエリート層らを指す．
10. **sustituirla por:** sustituir A por B で「AとBを入れ替える，置き換える」．
11. **por:** 理由を示す．
12. **se ha impuesto:** 押し付けられてきた．impuesto は imponer の過去分詞．
13. **que:** 14行目の otras bebidas を先行詞とする関係代名詞．
14. **cuentan con...** ＜ contar con...: 〜を備える，有する．
15. **bombardeo propagandístico:** 宣伝攻勢．
16. **el México actual:** 国名の後に形容詞などがついて意味が限定されるときは定冠詞がつく．この場合「現代メキシコ」．

4. Explorando la naturaleza

su consumo. En el siglo XIX, el pulque era la bebida predilecta[17] de muchos mexicanos — ricos y pobres, jóvenes y adultos — y podía encontrarse en las mesas de la mayoría de los hogares del país.

Para el inicio del siglo XX, era común toparse con[18] alguna pulquería en las ciudades y pueblos[19] de México. Sus fachadas estaban pintadas con murales y, en el interior, casi todas tenían el piso cubierto de aserrín, o de tierra apisonada[20], porque uno de los rituales de los bebedores de pulque consistía en derramar[21] un poco de éste en el piso para que la Madre Tierra[22] también saciara[23] su sed.

[...]

El pulque es producido a partir del[24] agave. Los agaves están estrechamente relacionados con México y su historia. Mucho antes de la llegada de los españoles, gracias a una simbiosis[25] con el agave, pudieron subsistir las culturas del altiplano mexicano[26] en periodos de escasez de agua y alimentos. De los agaves se obtenían además múltiples productos, entre ellos fibras, papel y medicinas[27], sin faltar en rituales y sacrificios[28], y como bebidas fermentadas destinadas sólo a nobles y sacerdotes[29]. Alrededor de los años 700–900 de nuestra era[30], el agave ya era usado para obtener fibras y como alimento masticado[31]. El agave pulquero se descubrió entre 990 y 1042 d.C., acontecimiento histórico vital para los nahuas[32].

Los primeros cultivos de agave para obtener aguamiel se desarrollaron alrededor del 1224 d.C., líquido que luego fue fermentado para preparar pulque alrededor del 1239 d.C. La utilización intensiva de los agaves alcanzó su mayor fuerza durante el florecimiento de los aztecas, cultura conocida por algunos investigadores como la cultura del maguey.

La importancia de estas plantas los llevó a deificarlas[33] bajo la representación de la diosa Mayahuel en los códices[34] mexicanos. Los agaves se propagaron por el territorio mexicano y con su domesticación[35] se mejoraron las especies para aguamiel y pulque, las de fibras y las de agave cocido.

[...]

[...] La etapa productiva de un maguey pulquero comien-

Texto 1　El alimento mágico, el pulque

17. **predilecta:** お気に入りの．
18. **toparse con . . . :** 〜に出くわす，〜を見出す．
19. **pueblos:** ここでは，「町」や「村」の意味．
20. **tenían el piso cubierto de aserrín, o de tierra apisonada:** 床はおが屑で覆われているか，土を固めたものだった．
21. **derramar:** 撒く．
22. **la Madre Tierra:** 母なる大地．
23. **saciara** ＜ saciar: 癒す，満たす，の接続法過去形．
24. **a partir de . . . :** 〜に基づいて．
25. **simbiosis:** 共生．
26. **altiplano mexicano:** メキシコの高原地帯．今日でも同国の人口の大半が集中する．
27. **fibras, papel y medicinas:** アガーベ（＝マゲイ）の葉には，その繊維 (fibras) を布や紙 (papel) に加工する，あるいは薬 (medicinas) として患部に貼るなど，先植民地期から様々な用途があった．
28. **sin faltar en rituales y sacrificios:**（fibras, papel y medicinas が作られるほかに）儀礼や供儀の際には欠かせぬものであり．
29. **nobles y sacerdotes:** 貴族と神官．先植民地期には，日常的にプルケを消費するのはこうした特権階級であったとされる．
30. **nuestra era:** 西暦紀元．d.C. (después de Cristo) の言い換え．
31. **alimento masticado:** アガーベの中には，その葉自体を食べることのできる種も存在する．飲み物として食料 (alimento) となる場合と区別するため，masticado ＜ masticar: 噛む，という表現が用いられている．
32. **los nahuas:** ナウア族の人びと．アステカ帝国下でナウア語が公用語とされるなど，影響力の大きな民族であった．
33. **los llevó a deificarlas:** llevó ＜ llevar＋人＋不定詞で，「〜に至らしめる」．直接目的語の los は前文の los aztecas を指す．deificar は「神格化する」．
34. **códices:** 古文書．
35. **domesticación:** 栽培．
36. **es "capado":** 受身形，capar は「去勢する」，「剪定する」．
37. **pencas:** 肉厚のマゲイの葉を指すときは，hoja ではなく penca という語が用いられる．
38. **al cabo de cuatro meses:** 4 ヵ月後に．
39. **rinde en promedio:** rinde ＜ rendir，「平均して〜を生産する」．
40. **"acocote":** マゲイの蜜の採集に使われる，大型で細長いひょうたんの一種．
41. **pipeta (succionador):** ピペット．括弧内の succionador は succionar (「吸引する」) の名詞化した語．
42. **el peligro de que:** 「〜の危険」．irriten ＜ irritar が接続法になっていることに注意．
43. **saponinas:** サポニン．

77

4. Explorando la naturaleza

za cuando éste es "capado"[36], es decir, cuando se le corta el conjunto de pencas[37] más tiernas del centro de la planta para que, al cabo de cuatro meses[38], comience a dar sus primeros litros de aguamiel. El periodo de producción del aguamiel dura generalmente de tres a cuatro meses, y rinde en promedio[39] unos 300 litros. Para recogerlo se utiliza el "acocote"[40], que es una calabaza alargada que sirve como pipeta (succionador)[41] de grandes proporciones.

El aguamiel se consume directamente, siendo una bebida de sabor agradable que contiene alrededor de 9% de azúcares (sacarosa). Se puede beber cruda o hervida. Cuando se consume cruda existe el peligro de que[42] las saponinas[43] que contiene, al tocar la piel junto a la boca, la irriten produciendo ronchas[44].

Los mexicas, en su peregrinación desde Aztlán o Lugar de las Garzas, en busca del lugar donde fundarían Tenochtitlan,[45] aprendieron a fermentar este jugo azucarado al que atribuyeron propiedades mágicas. Esta bebida, llamada *octli*, tuvo una gran importancia a juzgar por[46] los testimonios pintados en diversos códices.

A la llegada de los españoles, este vino blanco perdió, junto con su nombre (*octli*), su categoría[47], y pasó[48], con el nombre de pulque, a ser la bebida de los pobres, quienes han mantenido su afición a él hasta nuestros días. El nombre pulque con el que los españoles denominaron a esta bebida da idea de la degradación[49] en categoría que sufrió, ya que, según Núñez Ortega, este nombre deriva de *poliuqui*, que significa 'descompuesto'[50]. Posiblemente impresionó a los conquistadores oír exclamar a los indígenas[51], cuando se les daba un pulque de mala calidad, *octli poliuqui*, es decir, pulque malo o descompuesto, de manera que[52] el adjetivo aplicado a la bebida descompuesta fue lo que pasó al español, en vez del *octli*, que era el nombre de la bebida. El pulque, a pesar de los intentos por erradicar[53] su consumo, sigue siendo utilizado hasta nuestros días y forma parte importante del folklore mexicano.

Octavio Paredes López, Fidel Guevara Lara y Luis Arturo Bello Pérez, *Los alimentos mágicos de las culturas indígenas mesoamericanas*, México: Fondo de Cultura Económica, 2006, pp. 162–166. [担当：受田宏之]

Texto 1　El alimento mágico, el pulque

44. **ronchas:** 腫れ．
45. **su peregrinación desde Aztlán o Lugar de las Garzas, en busca del lugar donde fundarían Tenochtitlan,:** 北方の狩猟民だったメシーカ（＝アステカ）族は，鷺（garzas）の住む伝説の地アストラン（Aztlán）を出発し，定住の土地を求めてテノチティトラン（Tenochtitlan）に辿り付いたと言い伝えられている．テノチティトランは，湖上に築かれたアステカ帝国の首都であり，現在のメキシコシティである．
46. **a juzgar por...:** 〜から判断すると．
47. **categoría:** 威信，権威，ランク，地位．
48. **pasó** ＜ pasar: pasar a＋不定詞．「〜するようになる，〜し始める」．
49. **degradación:** 降格，悪化．
50. **descompuesto** ＜ descomponer: 腐った．
51. **los indígenas:**（マヤ族やナウア族などの）先住民．
52. **de manera que:** この文のように後に直説法がくると，「従って」，「結果として」の意味となる．
53. **erradicar:** 根絶する．

プルケの原料マゲイ．

家を建てる合間に，プルケで渇きを癒すメキシコの先住民男性．白濁の地酒を好む一方で，息子が国境を越えて米国に出稼ぎ中であるところに．先住民社会の変容がみてとれる．

Texto 2 ★★ [CD1 nº 12]
La corriente peruana y El Niño

♣

Editor: Gracielo d'Angelo

Anomalías térmicas del litoral peruano [1]

El Mar de Grau[1], excepcionalmente rico en su fauna ictícola[2], presenta características peculiares de temperatura si se tiene en cuenta[3] su latitud, exceptuando su sector más septentrional — costas de Tumbes[4] y norte de Piura[5] —, donde se [5] dan las condiciones tropicales propias de su localización. Fuera de[6] estas áreas, las condiciones de temperatura frente a la costa central y sur constituyen una anomalía dentro de los mares tropicales del mundo.

En efecto[7], de acuerdo a[8] la latitud del territorio peruano, [10] las aguas[9] oceánicas que bañan las costas deberían[10] tener temperaturas medias superficiales comprendidas entre los 25 y 26 °C[11]; sin embargo, las temperaturas medias establecidas por Erwin Schweigger[12] para el Mar de Grau oscilan entre los 18 y los 19 °C, o sea, entre 6 y 7 °C por debajo de las corres- [15] pondientes para su latitud. Por su parte, Zacarías Popovici señala temperaturas de 19 °C entre los 6° y 12° de latitud sur[13]. Frente a Atico[14] midió temperaturas de 13 y 14 °C durante el invierno, pero «unos 100 km hacia el sur de esta punta» Popovici observó temperaturas de 18 °C. Dicho autor afir- [20] ma que durante el verano las temperaturas ascienden a 15 o 16 °C en Atico, y 100 km al sur a 22 o 23 °C, arrojando[15] un promedio de 19 °C, es decir, 7 °C por debajo de la que le co-

Texto 2　La corriente peruana y El Niño

[解説]

　ペルー沖では南から北に向かって大きな寒流が流れています．ペルー海流またはフンボルト海流と呼ばれています．後者の呼称は，19世紀初め中南米を旅行し，船上から海水温を測定したドイツ人旅行者アレクサンダー・フォン・フンボルトの名に因んでいます．赤道直下から南緯20度までの南アメリカ西岸には帯状に海岸砂漠が広がっています．亜熱帯高気圧下にあることに加え，この寒流のおかげで，大気上層は熱く海面付近は冷たく，大気が著しく安定した成層状態となっているからです．言いかえると，海面から上昇気流が余り起こらず，雲が厚く立ち込めほとんど雨が降らないからです．同様な地理学的現象は，他の大陸の西岸でも見られます．アフリカのカラハリ砂漠や，メキシコから合衆国に広がる砂漠がその例です．

　本文の前半では，ペルー海流を扱います．その水温の低さ，フンボルトが初めて科学的に指摘したこと，さらには，大気の成層化が原因で雨といっても霧状の雨であるガルーアしか降らないことなどを述べています．また，本文の後半ではエル・ニーニョを扱います．ペルー海流が支配的な中にあって，年によっては，赤道反流が北から南アメリカ沿岸に流れ込み，エクアドルからペルー北部にかけて上昇気流が盛んになり，大雨に見舞われる時があります．クリスマス前後の現象であるので，幼子イエス（スペイン語でEl Niño）に因んでそのように呼ばれています．本来は局地的な現象を指しましたが，現在では南太平洋南東部に見る広域的な水温上昇を指すようになり，世界の気候を撹乱する現象として注目されています．

[注]

1. **Mar de Grau:** ペルー海の意．ペルー海軍提督グラウの名に因む．
2. **fauna ictícola:** fauna は「動物相」．また「植物相」は flora．ictícola は「魚類の」で，男女同形の形容詞．類例に agrícola「農業の」がある．
3. **tiene en cuenta** < tener en cuenta: 考慮に入れる．
4. **Tumbes:** トゥンベス．ペルー北部の都市．コンキスタドールの一人ピサロの上陸地点．
5. **Piura:** ピウラ．ペルー北部の都市．
6. **fuera de . . . :** 「〜の外に，〜以外では」の意．スペイン語では二語の前置詞句が多い．
7. **en efecto:** 実際．
8. **de acuerdo a . . . :** 〜に従えば．
9. **aguas:** 単数の agua は「水」だが，複数は「海流，潮流，水域」などの意味がある．
10. **deberían** < deber: de acuerdo の導く句が条件となり，それを受けて過去未来を用いている．
11. **26°C:** 摂氏26度．読み方は veintiséis grados centígrados．
12. **Erwin Schweigger:** 1888–1965年．エルヴィン・シュヴァイガー．独の海洋学者．ペルー国サン・マルコス大学で教鞭をとったことも．フンボルト海流を研究．

81

4. Explorando la naturaleza

rresponde a un mar tropical[16]. En una comunicación personal, F. Ancieta informó que frente a San Juan[17] había observado una temperatura de 12.5 °C en los meses de agosto y septiembre de 1958. La anomalía de este fenómeno térmico se debe al afloramiento[18] de aguas frente al litoral.

Un fenómeno advertido por Humboldt

La menor[19] temperatura del mar frente a las costas de Perú fue ya advertida por los españoles durante la Colonia[20]; se sabe que los primeros españoles llegados[21] a territorio peruano enfriaban sus botellas de vino haciéndolas flotar en las aguas oceánicas. Pero no fue sino en 1802 cuando[22] el viajero alemán Alexander von Humboldt[23], al medir la temperatura del mar frente a Trujillo[24], encontró que no se correspondía con[25] la latitud del lugar; más tarde, poniendo en relación las temperaturas[26] del mar y del aire, llegó a la conclusión de que estas últimas eran el resultado de la influencia térmica del mar, y que las condiciones climáticas de la costa estaban igualmente relacionadas con las bajas temperaturas oceánicas. Humboldt señaló asimismo que las temperaturas del mar se incrementaban a mayor distancia[27] de la costa. Todos estos hechos han sido comprobados científicamente con posterioridad. Popovici, por ejemplo, expresa sobre el particular[28]: «La temperatura del mar cerca de la costa peruana es inferior a la temperatura del aire durante la mayor parte del año»; y añade: «El contraste entre la temperatura del mar y la del aire reduce la evaporación, pero lleva, frecuentemente, a la aparición de niebla en la proximidad de la costa y sobre parte de ella».

Efectos climáticos y biológicos

Humboldt no acertó en lo referente al origen de las bajas temperaturas del Mar de Grau, pues consideró que se debían a[29] desplazamientos de aguas oceánicas superficiales provenientes de la región antártica. Sólo en el presente siglo[30] se lle-

Texto 2　La corriente peruana y El Niño

13. **12° de latitud sur:** 南緯 12 度．12° は doce grados と読む．経度は longitud．
14. **Atico:** アレキーパ県の一都市．太平洋に面する．
15. **arrojando:** 動詞 arrojar の現在分詞．「(計算結果を) 出す」の意．
16. **por debajo de la que le corresponde a un mar tropical:** 定冠詞 la は temperatura を表す代名詞の働きをしている．関係代名詞と取らないこと．また le は a un mar を指す．
17. **San Juan:** イカ県の一都市．なお同県は 2007 年 8 月 15 日に地震に見舞われた．
18. **afloramiento:** (海水の) 湧昇．
19. **menor:** 温度が「低い」の意味．ここでは最上級ではなく，比較級と解する．
20. **Colonia:** 植民地．ペルーがスペインによる植民地であったことを指す．
21. **llegados:** 動詞 llegar の過去分詞で名詞 españoles を修飾．llegar のような往来発着を表す自動詞の過去分詞は能動的な意味を持つ．
22. **no fue sino en 1802 cuando...:** no...sino... = sólo．英の only と同様「〜になって初めて」の意．fue...cuando で en 1802 を強調した強調構文．時を強調しているため，cuando を用いる．英語では that を使う．fue は ser の直説法点過去 3 人称単数形．
23. **Alexander von Humboldt:** アレクサンダー・フォン・フンボルト．1769–1859 年．独の地理学者．主著に『コスモス』．1799–1804 年にかけて中南米と北米を旅行する．ベルクハウスが提唱して以来，ペルー沖を流れる寒流は彼の名に因みフンボルト海流と呼ばれるに至る．
24. **Trujillo:** トルヒーリョ．ペルー北部の都市．アプラ (APRA) 党の創始者アヤ・デ・ラ・トーレの出身地．
25. **se correspondía con...** < corresponderse con...: 〜と対応する．
26. **poniendo en relación las temperaturas...:** 分詞構文．poner の直接目的語は las temperaturas．類例に poner de relieve ＋直接目的語 がある．
27. **a mayor distancia:** 文字通り比較級だが，比例の意を含む．「海岸から離れるにつれ」．
28. **el particular:** その問題，事柄．
29. **se debían a...** < deberse a...: 〜に原因がある．
30. **sólo en el presente siglo:** sólo は「〜になって初めて」．el presente siglo は 20 世紀．
31. **se llegó a establecer:** se は establecerse で受身の意味をもつ．主語はあとの que が導く節．
32. **desde el punto de vista climático:** climático は punto にかかるので男性形．
33. **por encima de...:** 〜の上で．
34. **estratificadas:** 成層化した．
35. **punto de condensación:** 飽和点，露点．
36. **garúas:** ガルーア．寒流のフンボルト海流の影響で，ペルー海岸砂漠地帯で降る霧雨．
37. **austral:**「南の」が原義．ここでは「南半球の」．

4. Explorando la naturaleza

gó a establecer[31] en forma categórica que el origen de esas bajas temperaturas residía en el afloramiento de aguas marinas desde zonas profundas.

Más allá del origen del fenómeno, debe decirse que las temperaturas bajas del Pacífico peruano tienen gran incidencia climática y biológica. Desde el punto de vista climático[32], son las responsables de la aridez de la costa, pues al enfriar las masas de aire que se desplazan por encima de[33] la superficie marina las condensan y originan neblinas costeras, que cuando llegan al continente forman nubes estratificadas[34]. Estas masas de aire enfriadas atemperan el clima de la costa y forman nubes estratificadas que, cuando se saturan y alcanzan su punto de condensación[35], originan lluvias con gotas muy finas, que se conocen popularmente con el nombre de llovizna o garúas[36], frecuentes durante el invierno austral[37]. No tienen mayor efecto morfológico[38] y la alta humedad atmosférica no aminora la aridez de la costa peruana en sus sectores central y sur.

Las constantes neblinas invernales que caracterizan al cielo[39] costero y hacen brotar vegetación en las lomas[40] de la costa a partir de Trujillo hasta Tacna[41] son también consecuencia de la influencia térmica del mar. Las más intensas lluvias de verano que excepcionalmente tienen lugar sobre todo en la costa norte son consecuencia de fenómenos El Niño extraordinarios, en tanto que[42] las de la costa central se producen, a veces, por efecto de masas de aire amazónicas que cruzan los Andes.

Riqueza ictiológica

Desde el punto de vista biológico, las aguas templadas del Mar de Grau favorecen la abundancia de fitoplancton y zooplancton[43], alimento de la gran diversidad de peces que, en enormes cardúmenes[44], como los de anchoveta y sardina, por ejemplo, sirven de alimento a otros peces de mayor tamaño.

La riqueza ictiológica del Mar de Grau es grande, tanto en variedad como[45] en cantidad, y ha permitido el rápido desa-

Texto 2　La corriente peruana y El Niño

38. **morfológico:** geomorfológico「地形的な」の意．細かい粒の雨のため地形浸食に至らない．
39. **caracterizan al cielo:** 直接目的語の前に a を付けるのは人とされるが，物の場合もある．
40. **lomas:** loma は「丘」．ペルーではとくに海岸に近い山腹や丘で海霧の湿気により一年生植物が薄く生える局地的な季節草原を指す．
41. **Tacna:** チリ共和国と接する，ペルー南部タクナ県の県都．
42. **en tanto que...:** 英語の while に相当する三語の接続詞．ここでは対比を表す．
43. **fitoplancton y zooplancton:** それぞれ「植物プランクトン」，「動物プランクトン」．
44. **cardúmenes:** 魚群．
45. **tanto...como...:** 同等比較．
46. **harina, aceite y conservas:** 順に「魚粉」，「魚油」，「(魚の)缶詰」．
47. **vedas:** 禁漁．
48. **con el fin de...:** 〜するために．
49. **uso sustentable:** sustentable は，経済成長と資源保護とを両立させる意を持つ「持続可能な成長」sustainable development（英）の sustainable と同義．
50. **interrumpiendo parcial o totalmente:** 分詞構文．parcial に mente を補って考える．
51. **El Niño:** エル・ニーニョ．暖かい赤道反流がエクアドル・ペルー北部に流れ込んで上昇気流を発生させ，普段は雨を見ないところに大雨を降らせる現象を指す．これがクリスマスの頃起こるので，幼子イエスを指すエル・ニーニョを当てたところからこの名がある．
52. **se presenta:** 登場する．主語はあとの El Niño．
53. **que se caracterizan por:** 関係代名詞 que が anomalías を受けているため動詞 caracterizarse は 3 人称複数形．
54. **quebradas:** ペルーの海岸砂漠内を流れる小河川．伏流水として地下を流れることが多い．
55. **u:** 次の語の 8 (ocho) が母音 o で始まるため，「または」の意味を持つ o は u に変わる．

4. Explorando la naturaleza

rrollo de la industria pesquera (harina, aceite y conservas)[46] y de la pesca para consumo humano. Sin embargo, es necesario tomar previsiones para que la biodiversidad marina no sufra alteraciones negativas debido a una explotación masiva e [95] irracional, como ya ha sucedido en el caso de la anchoveta, especie que ha quedado sujeta a vedas[47] con el fin de[48] garantizar su recuperación y uso sustentable[49].

[...]

Características de El Niño [100]

Una de las anomalías más características del Mar de Grau es la aparición de aguas oceánicas muy cálidas, que en forma de grandes lenguas de aguas calientes llegan desde las zonas tropicales del Pacífico sur y penetran en el Mar Peruano, interrumpiendo parcial o totalmente[50] la continuidad de las aguas [105] templadas de la costa y formando fajas con ancho de varios cientos de kilómetros: es el fenómeno conocido como El Niño[51].

Cuando se presenta[52] con características extraordinarias, El Niño ocasiona anomalías atmosféricas y en el ecosistema ma- [110] rino, que se caracterizan por[53] un incremento en la temperatura superficial del mar y de la costa, y unas precipitaciones de gran intensidad y frecuencia. Éstas, a su vez, originan la violenta y destructiva entrada en actividad de las numerosas quebradas[54] habitualmente secas que cruzan la costa, y unas [115] crecientes extraordinarias de los ríos que atraviesan el desierto, provocando inundaciones y destruyendo extensas áreas. Las temperaturas superficiales de las aguas oceánicas se incrementan hasta en 7 u[55] 8 °C en la costa norte y algo menos en la parte central, ocasionando la migración de especies ma- [120] rinas hacia el sur, sobre todo de grandes cardúmenes de anchoveta y sardina. En el siglo XX se han producido ya tres fenómenos de El Niño extraordinarios o de gran intensidad: los de 1925, 1982–1983 y 1997–1998.

Gracielo d'Angelo(editor), *Enciclopedia del Perú*, Barcelona: Editorial Oceano, 2000, pp. 127–129, 135. [担当：前田伸人]

Texto 2　La corriente peruana y El Niño

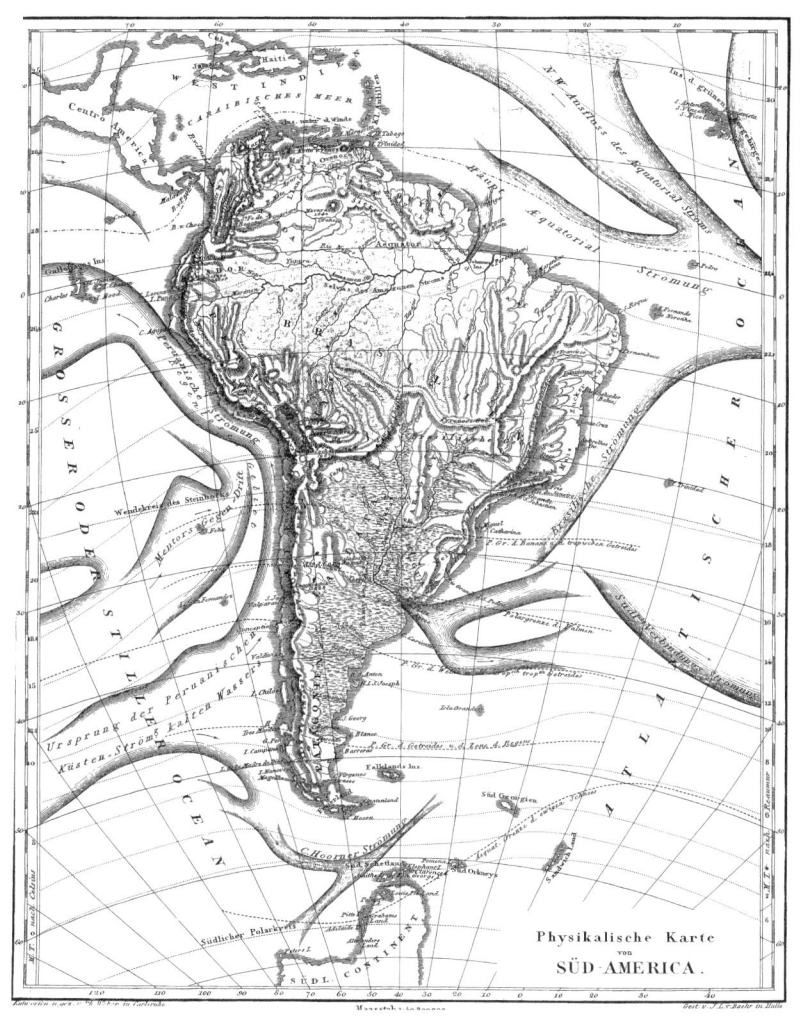

ペルー海流はチリ沖で発生し（地図上の Ursprung der Peruanischen Küsten=Strömg Kalten Wassers），ペルー沖を流れ（Peruanische Strömung），ガラパゴス諸島に達する．

Texto 3 ★★ [CD2 n° 1]
El lenguaje de los delfines

♣

Antonio Ruiz Tinoco

¿Quién no recuerda con simpatía la antigua serie de televisión *Flipper*[1]? El protagonista principal era un inteligente delfín que podía comunicarse con los niños protagonistas de la película. ¿Pueden comunicarse verdaderamente los delfines con los humanos? ¿Y entre delfines? ¿Cómo es su lenguaje? ¿Cómo lo aprenden? [1] [5]

Todos los animales han desarrollado la capacidad de comunicarse con otros de su misma especie[2], incluso los más primitivos[3]. Al igual que[4] el hombre, también los delfines, mamíferos[5] marinos respiran aire, son de sangre caliente y poseen un cerebro bastante desarrollado. El cerebro de una persona entre 50 y 100 kg[6] puede pesar entre 1 y 1,5 kg y el de un delfín[7] mular[8], de unos 230 kg puede alcanzar los 2 kg[9]. Además de su elevado peso relativo, su encéfalo[10] tiene numerosas circunvoluciones[11] como las de los humanos[12] y el neocórtex[13] está extraordinariamente desarrollado. Esto[14], unido a muchas leyendas tradicionales, ha llevado a científicos como John Lilly[15] a suponer que los delfines pueden haber desarrollado una inteligencia similar a la humana. Estudios posteriores mostraron que no existe una relación lineal[16] entre la inteligencia de las distintas especies y su masa cerebral[17]. [10] [15] [20]

Los animales utilizan métodos de comunicación muy diversos. La comunicación química[18], basada principalmente en olores, es una capacidad prácticamente atrofiada[19] en los del-

Texto 3　El lenguaje de los delfines

[解説]
　イルカは人間と同じ哺乳類で，もっとも賢い動物とも言われます．イルカ同士で「ことば」を通してコミュニケーションができます．水族館のイルカのショーを見ると，誰もが納得するでしょう．トレーナーの複雑な指示に忠実に従い，正確に実行することができます．
　野生のイルカを観察すると，手話のような指示だけではなく，おもに 2 種類の音を利用した音声言語のようなものがあることが分かります．口笛のような高い周波数のホイッスル音と，"カチカチ" と聞こえるクリック音を上手に使い分け，餌を探したり，仲間に声をかけたり，情報交換したりすることもできます．
　このような言語を習得するには最低でも 2 年かかり，一生の間にその言語の「語彙」や「パターン」を学習していくようです．たとえば，咽頭で発生した音声をメロンと呼ばれる脂肪組織の器官を通して拡大し，その反響，つまり「こだま」を分析して，非常に小さいものでもその位置，サイズ，形をソナーのように正確に捉えることができます．これはエコーロケーションと呼ばれ，他の動物ではコウモリも同じ能力をもっていることが知られています．
　トレーニングを受けたイルカは，教わった「語彙」や簡単な「文法」を理解し，容易に応用し，その能力の高さは研究者を驚かすばかりです．人間の子供の言語習得とは違った学習過程を経ますが，共通点も少なくありません．
　イルカの「ことば」の研究は，ほとんどの場合，捕獲下のイルカを使っています．これからは野生のイルカの研究も進むことでしょう．彼らの本当の言語の姿がどういうものであるか，その成果が楽しみです．

[注]
1. **la antigua serie de televisión** *Flipper*: 日本では『フリッパー』というタイトルで放映された．
2. **especie**: 種．
3. **los más primitivos**: los の後に animales が省略されている．más はここでは最上級をあらわす．「もっとも原始的なもの」．
4. **al igual que ...**: 〜のように，〜と同様に．
5. **mamíferos**: 哺乳類．
6. **kg**: kilogramos．
7. **el de un delfín**: el の後に cerebro が省略されている．定冠詞の代名詞的用法．
8. **delfín mular**: *Tursiops truncatus*. ハンドウイルカ（半道海豚），別名バンドウイルカ．
9. **los 2 kg**: 定冠詞 los はここでは強調の意味をもつ．「2 キロさえ」．
10. **encéfalo**: 脳．
11. **circunvoluciones**: 脳溝．
12. **las de los humanos**: las の後に circunvoluciones が省略されている．
13. **neocórtex**: 新皮質．
14. **esto**: 中性の指示詞．前の文で述べていることをさす．

4. Explorando la naturaleza

fines. El tacto[20], tan importante en los mamíferos, no podía faltar[21] en las relaciones entre los delfines, que tienen la costumbre de rozarse entre sí con sus aletas[22], en lo que parecen[23] ser saludos o, a veces, agresiones. La vista[24] puede ser importante para otros animales pero no resulta la mejor fórmula para un medio como el mar. Sin embargo, el sonido se propaga[25] perfectamente en el agua, siendo ideal para la comunicación.

Los delfines utilizan algunos sonidos regularmente, en secuencias que parecen preguntas y respuestas, y son diferentes para cada individuo, por lo que podríamos considerarlo[26] como un lenguaje. Para emitir sonidos[27] los delfines usan la faringe[28] y los amplifican por medio de un órgano de tejido adiposo[29] que llevan en la parte frontal[30] de la cabeza encima de la mandíbula superior[31], llamado melón[32]. Los sonidos que pueden emitir y percibir varían entre los 100 Hz[33] y los 150 kHz[34], mientras que el hombre solamente distingue entre los 100 Hz y los 15 kHz aproximadamente.

Los cetáceos[35] no tienen orejas, sino unos orificios auditivos minúsculos[36] que pueden cerrar herméticamente con cerumen[37] durante sus inmersiones, asegurando así la impermeabilidad[38].

Los delfines pueden usar estos sonidos tanto para la comunicación como[39] para orientarse[40] o buscar a sus presas[41]. Así, cuando se mueven en aguas con poca visibilidad[42] o por la noche, emiten unos sonidos de baja frecuencia[43], cuyos ecos[44] les proporcionan una información bastante aproximada de su alrededor.

Cuando necesitan distinguir objetos muy pequeños, pueden emitir los chasquidos[45] a una frecuencia más alta al mismo tiempo que balancean la cabeza. Este sonar[46] natural es tan exacto que[47] los delfines pueden detectar una pelota de ping pong en una extensión tan grande como la de un campo de fútbol. Esta capacidad de emitir y recibir sonidos como el sonar, se llama ecolocación[48] y solamente la poseen muy pocos animales, como los murciélagos.

Para comunicarse entre sí los delfines emiten otros tipos de

Texto 3　El lenguaje de los delfines

15. **John Lilly:** ジョン・リリー．1960年代，70年代にイルカの認識能力と知性について研究し，いくつかの英語の単語を真似することさえできることを証明しようとした．しかし後にイルカの発音は「あまりよくない」ということを認めた．
16. **relación lineal:** 線形関係．
17. **masa cerebral:** 大脳重量．
18. **comunicación química:** ケミカル・コミュニケーション，主に体臭を介したコミュニケーション．
19. **atrofiada:** 退化した．
20. **tacto:** 触覚．
21. **no podía faltar** ＜ no poder faltar: 欠かせない．
22. **aletas:** ひれ．
23. **en lo que parecen ... :**「〜とみえるものにおいて」．lo はイルカの行動などを漠然とさしているため中性形になっている．
24. **vista:** 視覚．
25. **se propaga** ＜ propagarse: 広がる．
26. **considerarlo:** lo は「こうした特徴をもつ音を発するという事実」をさす．
27. **emitir sonidos:** 音を発声する．
28. **faringe:** 咽頭．
29. **tejido adiposo:** 脂肪組織．
30. **parte frontal:** 前部．
31. **mandíbula superior:** 上あご．
32. **melón:** メロン．
33. **Hz:** hercios, herzios または hertzios と表記．ヘルツ．
34. **kHz:** kilohercios, kiloherzios または kilohertzios と表記．キロヘルツ．
35. **cetáceos:** 鯨類．
36. **minúsculos:** 非常に小さい．
37. **cerumen:** 耳垢．
38. **impermeabilidad:** 防水性．
39. **tanto ... como ... :** 〜と同様に〜．
40. **orientarse:** 自分の位置を定める．
41. **presas:** 餌．
42. **visibilidad:** 視界．
43. **baja frecuencia:** 低周波数．
44. **ecos:** 反響，こだま．
45. **chasquidos:** クリック音．
46. **sonar:** ソナー．
47. **tan ... que ... :** とても〜なので〜する．
48. **ecolocación:** エコーロケーション，反響定位．
49. **silbidos:** ホイッスルのような音．ホイッスル音．

4. Explorando la naturaleza

sonidos que parecen silbidos[49]. El primer sonido que tienen que aprender es su "nombre". Normalmente los delfines viven en grupos, en rebaños compuestos[50] por varias hembras adultas acompañadas de sus crías[51], un número indeterminado de delfines jóvenes y uno o varios delfines adultos. Poco a poco las crías aprenden a emitir estos silbidos, diferentes para cada uno, de modo que[52] la madre pueda identificarlos[53] y localizarlos fácilmente. Este sonido no se estabiliza hasta la edad de dos años más o menos. También aprenden a imitar los silbidos de algunos de los miembros de su rebaño. Las crías separadas de su madre, como en algunos acuarios, no pueden aprender su lenguaje.

Las crías viven en el mismo rebaño que su madre de 3 a 6 años y después se separan y buscan otros grupos. A veces, cuando se encuentran con otros miembros después de cierto tiempo, los llaman imitando su silbido particular como si fuera su nombre.

Se puede observar a los delfines en grupo intercambiando frases o información cuando buscan alimento o se ayudan entre sí.

Después de una gestación[54] de unos catorce meses, las madres dan a luz[55] en primavera con la ayuda de otras hembras alejándose a cierta distancia de su grupo. Las madres no se apartan de sus crías y les enseñan no solamente a perfeccionar la técnica de natación sino también a buscar alimento. Hablan continuamente con sus crías, que también les contestan. Se pueden escuchar conversaciones muy animadas formadas por silbidos y chasquidos a gran velocidad.

Aunque no podemos comprender los diálogos espontáneos entre los delfines en libertad, se han llevado a cabo[56] experimentos con delfines en cautividad[57] que demuestran que pueden entender una sintaxis primitiva[58]. El profesor Herman de la Universidad de Hawai, del Laboratorio de Mamíferos Marinos de Kewalo Basin[59], comenzó a enseñarles a los delfines comandos visuales asociados con algunos sonidos, lo cual aprendían con gran facilidad. Había una señal para "tocar con la cola", otra para "deslizarse", etc. En una etapa de los

Texto 3　El lenguaje de los delfines

50. **compuestos** ＜ componer: 構成する.
51. **crías:** 子供（とくに哺乳類）.
52. **de modo que ...:** 後ろに接続法の動詞が続くと「～するように」.
53. **identificarlos:** identificar は「確認する, 識別する」. los は los hijos つまりイルカの子をさす.
54. **gestación:** 懐胎期間.
55. **dan a luz** ＜ dar a luz: 生む, 出産する.
56. **se han llevado a cabo** ＜ llevarse a cabo: 行なわれる, 実行される.
57. **en cautividad:** 捕獲下の, 捕獲下で.
58. **sintaxis primitiva:** 原始的な統語論, 簡単な文法.
59. **Kewalo Basin:** ケワロ湾. ホノルル市の海岸中央部にある湾.
60. **márgenes de error:** エラーマージン, 誤ってもよい許容範囲.
61. **entorno natural:** 自然な環境.
62. **cuanto más ... más ...:** ～すればするほど～する.

4. Explorando la naturaleza

experimentos, enseñó a uno de sus delfines a interpretar tres gestos diferentes en la siguiente secuencia: objeto-1, llevar, objeto-2. Por ejemplo, "frisby, llevar, cesta" significaría "lleva el frisby a la cesta". Una vez aprendida esta secuencia con unos objetos determinados el delfín pudo aplicar esta misma "gramática" a objetos diferentes con márgenes de error[60] pequeños al principio. Sin embargo, otro delfín que fue entrenado para interpretar "objeto-2, objeto-1, llevar" como "llevar el objeto-1 al lugar del objeto-2" no pudo aprenderlo debidamente. Aparentemente el orden de las "palabras" influía en la asimilación de las órdenes. Aunque este experimento permite varias interpretaciones, indica que la posible sintaxis que puedan aprender los delfines en cautividad tras horas de entrenamiento es muy diferente en esencia a la que se usa en las lenguas humanas.

El investigador del lenguaje de los delfines y de los animales en general se enfrenta a un dilema. Cuanto más investigue el lenguaje espontáneo en un entorno natural[61], más[62] complicado resulta analizar y cuantificar los resultados y cuantos más experimentos formales se realicen en situaciones controladas en laboratorios, más se separa del lenguaje natural. Tal vez el estudio del lenguaje de los delfines en su entorno natural nos lleve a comprender otras formas de comunicación.

書き下ろし．[担当：アントニオ・ルイズ・ティノコ]

Texto 3   El lenguaje de los delfines

La madre siempre nada junto a su cría.

5

✣

Sueño de los artistas

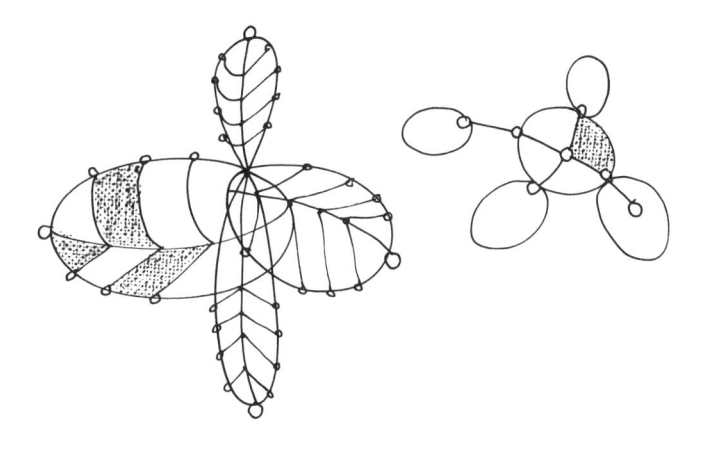

Texto 1 ★ [CD2 n° 2]
Picasso y los toros

♣

Pedro Romero de Solís

Guernica rescata del olvido uno de los imperdonables ho- [1]
rrores que ha producido el «civilizado» siglo xx: la exterminación del pueblo de Guernica. Si no fuese por el monumental cuadro de Picasso, después de Auschwitz, Hiroshima,
Vietnam e Irak, ¿quién iba a recordar el genocidio vasco? Es [5]
una poderosa enseña que ya no nos permitirá nunca ignorar
lo que ocurrió en Euskalerria[1].

El primero de mayo de 1937, la prensa parisina publicó la
noticia del bombardeo masivo de Guernica por la aviación de
Hitler. José Bergamín, otro malagueño[2] y también —como [10]
nuestro pintor— aficionado a los toros, responsable entonces
de la cultura en el Gobierno de la República española[3], le había pedido a Picasso un cuadro importante para el pabellón
español de la Exposición Universal[4], evento que había de[5] celebrarse, durante ese mismo año, en París. Tan pronto como[6] [15]
Picasso conoce la noticia del bombardeo de Guernica decide
denunciar el genocidio y, con intención de darle a su gesto la
mayor repercusión posible, toma la determinación de pintar
un cuadro militante de enormes dimensiones y llevarlo al pabellón español de dicha muestra[7] internacional. Para reforzar [20]
su intención lo denominará *Guernica*, el mismo nombre que el
del pueblo asesinado.

Comienza diseñando algunos bocetos (cat.6), trabaja febrilmente y, un mes después, tiene la obra concluida[8]. Un lienzo

Texto 1　Picasso y los toros

[解説]

　ピカソは生活のなかに動物の存在を感じることが好きでした．動物を愛でる観察者であったピカソは，ヒトと動物が生死を賭けて対峙する闘牛に幼少の頃から親しんでいました．その生涯にわたる創作活動において動物と同様に闘牛も重要なモチーフとして登場し続けます．1937年4月26日，ナチスドイツ軍がスペイン北部の町ゲルニカを爆撃します．ニュースを聞き，かねてから依頼されていたパリ万博のための壁画の構想が決まりました．その町の名前を冠した大作を描くことにしたのです．惨劇を告発するための表現手段としてピカソが用いたのは闘牛でした．本テキストの著者，ロメーロ・デ・ソリスはセビーリャ大学で教鞭をとる社会学者で，闘牛は彼の主要な研究テーマです．ここで取り上げる文章は，2005年4月1日から7月3日までマラガのピカソ美術館で開催された *Picasso. Toros* という展覧会に際して編纂されたカタログからの抜粋です．著者は論文冒頭に「2005年1月27日　ホロコーストの記憶に寄せて」というエピグラフを掲げています．これはアウシュビッツ強制収容所が解放された1月27日を国連が「ホロコースト犠牲者を想起する国際デー」に制定していることに由来するものです．しかし同時に1937年4月26日にゲルニカの町で起きた虐殺を世界中の人びとの記憶に留める役割を担っている「ゲルニカ」に敬意を表するための言葉であるとも考えられます．

　文中には闘牛に固有な単語も出てきます．ぜひテキストと図表を何度も往復しながら味読してください．ロメーロ・デ・ソリスが展開する「ゲルニカ」解釈を手がかりに，なぜ「ゲルニカ」は闘牛で表現されたのかを考えてみましょう．

[注]

1. **Euskalerria:** バスク，バスク地方，バスクの大地．バスク語の euskal + herri から作られた言葉で，前者が「バスクの」後者が「村，人びと，土地，国，故郷」を意味する．
2. **otro malagueño:** 「マラガ出身者」を意味する名詞 malagueño の前に形容詞の otro「もう一人の」が付いているのは，ピカソもまたマラガ出身であるから．ただし José Bergamín は実際はマドリッド生まれ．この一族がマラガという土地に縁が深いので，malagueño としているのであろう．
3. **el Gobierno de la República española:** 1936年2月16日の総選挙で勝利したスペイン人民戦線が組織した反ファシズムの共和国政府のこと．
4. **Exposición Universal:** 1937年にパリで開催された万博のこと．ピカソは会場内に設営されたスペイン館のための壁画制作依頼をその年の1月に受ける．すでにスペインは内戦下にあり，共和国政府の人民戦線側には不利な展開になっていた．パリ万博におけるスペイン館の主導権があくまで共和国政府にあるということを世界に示したいと考えていた共和国支持者たちは，ピカソにもその意に沿った壁画を制作してもらえるものと期待していた．しかし，ピカソはフランコ将軍率いる反乱軍を個人レベルでは嫌悪していたものの，政治的スローガンを打ち出した作品を構想しておらず，ゲルニカ襲撃のニュースを知るまで主題も明確に決定していなかった．

5. Sueño de los artistas

Cat.6   *Estudio para «Guernica»: Estudio de composición IV*
París, 1 mayo 1937, Grafito y óleo sobre contrachapado, 53.5 × 64.5cm.
Museo Nacional Centro de Arte Reina Sofía, Madrid.

de ocho metros de largo por tres y medio de alto[9] soporta la obra más emocionante salida[10] del pincel de este artista. Es una denuncia de la infame crueldad de los hombres pero, también, la síntesis de las muchas tauromaquias[11] realizadas[12] por el pintor. Picasso recupera las dimensiones que habían servido a los pintores de historia[13] para conmemorar los hitos[14] más destacados en la vida de los pueblos. El primer plano[15] del centro del lienzo lo[16] ocupa un combatiente caído en tierra, con los brazos en cruz[17], que aún blande un sable roto. Picasso había dibujado varios picadores[18] a los pies de los caballos y a merced de[19] los toros, pero éste[20], aparte de recordarnos al *Torero muerto* de Manet[21], está sacudido[22] por una desesperación impropia de la moral de un matador, que exige no dolerse[23] bajo ninguna circunstancia. Se nota aquí, por consiguiente, que el picador es soporte de significaciones añadidas[24]. En efecto, el soldado/picador prorrumpe en[25] un

Texto 1　Picasso y los toros

5. **había de:** haber de＋不定詞で「〜することになっている」．
6. **tan pronto como:** tan pronto como＋直説法で「〜するとすぐに」．
7. **dicha muestra:** dicha は「今述べた，前述の」．muestra は「見本市，博覧会」．
8. **tiene la obra concluida:** tener＋直接目的語＋過去分詞で，直接目的語の完了の状態を表す．「作品を終えている」．
9. **ocho metros de largo por tres y medio de alto:** 幅8メートル，高さ3.5メートル．前置詞 por で乗法の「掛ける」という表現ができる．したがって「7掛ける2は14」という文章は Siete por dos son catorce. というスペイン語で表される．
10. **salida** ＜ salir:　自動詞・再帰動詞の過去分詞は能動的な意味をもつ形容詞として機能する．salida de は「〜から出た，生まれた」（作品）．このあとに出てくる un combatiente caído の caído も同様．
11. **tauromaquias:** 闘牛，闘牛の技芸．ここでは闘牛図絵の意．注 40 も参照．
12. **realizadas** ＜ realizar:　実行する．ここでは「制作する」．
13. **las dimensiones que habían servido a los pintores de historia:** 歴史上のエピソードに題材を得て描かれた作品を「歴史画 (pintura de historia)」と呼ぶことからここでの pintores de historia は「歴史画の制作に携わった画家たち」の意になる．たとえば，プラド美術館に所蔵されている 2 作品，ベラスケス作の「ブレダの開城」(1635 年．307×367 cm) とゴヤ作の「1808 年 5 月 3 日」(1814 年．268×347 cm) はいずれも歴史画に分類できる作品である．両作品のサイズが大きいことに着目してほしい．著者は las dimensiones でこのような歴史画の寸法の大きさに言及し，「ゲルニカ」もこの系譜を意識して大きな画布の上に制作された，と解釈している．
14. **hitos:** 重大な出来事，事件．
15. **primer plano:** 前景．
16. **lo:** ocupa の直接目的である el primer plano del centro del lienzo をさす人称代名詞．
17. **con los brazos en cruz:** 両腕を広げて．
18. **picadores:** ピカドール，長槍士．コリーダ・デ・トロスという闘牛の一様式において，馬に騎乗して登場する闘牛士のこと．馬上から長槍で雄牛の「鬐甲（きこう．2つの肩甲骨の間の隆起した部位）」を突き，首の後ろの筋肉を弛緩させ，雄牛の頭部が下がるように調整する．このピカドールによる演技は，コリーダの場面展開の中で後に続く banderillero（銛撃士）や matador（闘牛士）の演技が円滑に進められていくことを目的とした準備段階と位置づけられている．
19. **a merced de:** 〜のなすがままに，意のままに．
20. **éste:** = este picador．
21. *Torero muerto* de Manet: フランス印象派の画家マネによる 1868 年の作品「死せる闘牛士」(National Gallary of Art, Washington 所蔵)．
22. **está sacudido:** sacudido ＜ sacudir「動揺させる，衝撃を与える」．estar＋過去分詞で，完了した動作の結果としての主語の状態を表す．
23. **dolerse:** 嘆き悲しむ．

5. Sueño de los artistas

Fig. 3 *Guernica*
París, 1 mayo–4 junio 1937, Óleo sobre lienzo, 349.3 × 776.6cm. Museo Nacional Centro de Arte Reina Sofía, Madrid.

alarido de desesperación mientras el caballo, herido de muerte por el arma del propio varilarguero[26], se desploma aplastándolo. La nívea y agónica figura, que resume la gran experiencia[27] conseguida por el pintor en la realización de numerosas representaciones de la suerte de varas[28] y, sobre todo, de embestidas de toros a caballos[29], transmite una angustia indescriptible. Sobre este conjunto, un toro majestuoso, dotado con una cabeza casi humana, mantiene la serenidad y aparta su rostro como si[30] no quisiera contemplar una escena tan indigna (véase de nuevo fig. 3). El centro de la tela representa, por consiguiente, una tauromaquia corrompida. Eso ha sido el bombardeo de Guernica: algo impensable desde la moral de la tauromaquia, donde el combate se pliega a[31] un ritual que reclama una sofisticada equidad y una impecable lealtad.

A izquierda y derecha, mujeres, madres plañideras y suplicantes con ojos en forma de lágrimas lloran desesperadas mirando a un cielo negro habitado por la impostura[32]. Otra mujer, portadora de luz y asomada a[33] una ventana, trae a la escena todo el misterio que gravitaba[34] sobre la *Minotauromaquia*[35] (fig. 13). Por encima, una lámpara, que recuerda la luz tétrica[36] que en las enfermerías de las plazas de toros[37] ilumina con sucios resplandores el hule de la mesa de operaciones, descubre la luctuosa[38] escena. *Guernica* es una síntesis de to-

[45]

[50]

[55]

[60]

24. **soporte de significaciones añadidas:** （絵に）付け加えられた意味の支え，土台．
25. **prorrumpe en ...** ＜ prorrumpir en ... : 突然〜を始める，急に〜をし出す．
26. **varilarguero:** ピカドール，長槍士．注18の picador と同義．
27. **resume la gran experiencia:** ピカソは闘牛を題材にした作品を多数描いているが，馬と雄牛が登場するコリーダ・デ・トロスの中の一場面「ピカドールの場」に特別な関心を寄せていた．特に，雄牛の角に脇腹を挟られ苦悶にあえぐ馬の表現を「ゲルニカ」に通じる道程の中で繰り返し試みていた．ピカソが実際に観た1926年以前のコリーダ・デ・トロスにおいては馬に現在のような防具が装備されておらず，牡牛と馬の間でも死闘が繰り広げられていた．
28. **la suerte de varas:** コリーダ・デ・トロスのなかでピカドールの登場する一場面．またはピカドールの見せる闘牛技のこと．
29. **embestidas de toros a caballos:** 闘牛が馬を襲うこと（その場面）．
30. **como si:** como si＋接続法過去形で「まるで〜かのように」．
31. **se pliega a ...** ＜ plegarse a ... : 〜に服従する，従う．
32. **impostura:** ごまかし，うそ．
33. **asomada a:** asomada は再帰動詞 asomarse の過去分詞．注10参照．「〜に顔をのぞかせた」．直前の otra mujer にかかる．
34. **gravitaba** ＜ gravitar: のしかかる．
35. *Minotauromaquia*: Fig. 13 の作品タイトル「ミノタウロマキア」は，「ミノタウロ Minotauro」と「マキア maquia（闘い）」を合成してピカソが造った言葉．ギリシャ神話に登場する半神半獣の怪物で，形態的には半人半牛であるミノタウロスをピカソは1928年から作品に登場させ，とりわけ1933年以後重要なモチーフとして頻繁に描くことになる．「ゲルニカ」の中にはミノタウロスの姿は見られないものの，画面中央に差し出された蝋燭の光と「ミノタウロマキア」の中に描かれた左手に蝋燭をかざす少女の姿や画面上部に窓が配されている点などに共通の構図が見出される．
36. **tétrica:** 陰気な，陰鬱な．
37. **las enfermerías de las plazas de toros:** 闘牛場の医務室．各闘牛場には応急処置が施せる手術室が完備されている．
38. **luctuosa:** 悲惨な．

5. Sueño de los artistas

Fig. 13 *Minotauromaquia*
París, 23 marzo 1935, Aguafuerte,raspador y buril sobre cobre, 49.8×69.3cm.
Museo Nacional Centro de Arte Reina Sofía, Madrid.

das las obras de materia taurina realizadas hasta entonces por Picasso y un manantial de sugerencias[39] que irán, con el tiempo, actualizándose de la mano del artista. Se trata, por consiguiente, de su *tauromaquia*[40] seminal[41].

Pedro Romero de Solís, "Picasso y los toros", dirigido por Bernardo Laniado-Romero, *Picasso. Toros*, Málaga: Museo Picasso Málaga(Fundación Museo Picasso de Málaga y Fundación Paul, Christine y Bernard Ruiz–Picasso), 2005, pp. 81–85.［担当：佐伯朝彩子］

39. **sugerencias:**（いくつもの）インスピレーション，着想．
40. *tauromaquia*：斜体表記されているので単なる「闘牛」という意味ではなく，直前の文章で説明されている一連の闘牛をモチーフにした作品群を指す．このように闘牛にまつわる芸術作品を tauromaquia という言葉で表現することがある．スペイン美術史上もっとも有名な tauromaquia は，ゴヤが 1814 年から 1816 年の間に制作した 40 枚の銅版画で，このゴヤの tauromaquia を意識しているために本文中では su *tauromaquia* と所有詞の su をつけた形で「ピカソの」tauromaquia であることをあえて強調しているものと推測される．
41. **seminal:** semilla（種，種子；原因，根源）という名詞から派生した形容詞．ここでは形容詞 fecundo, fértil, lleno の類義で「豊かな，富んだ，充実した」の意．

Texto 2 ★★ [CD2 n° 3]
Gaudí y la Sagrada Familia

♣

Salvador Tarragó

Del conjunto del Templo de la Sagrada Familia, la parte [1] edificada por Gaudí comprende la cripta, el ábside y la Fachada del Nacimiento[1]. La nueva Fachada de la Pasión[2] se empezó a construir[3] por sus colaboradores a partir de[4] 1952.

Lo mejor de lo construido[5] por Gaudí es principalmente la [5] Fachada del Nacimiento y es tal la magnitud de dicha[6] fachada, que[7] llega a tener un valor autónomo, es decir, la fachada se convierte ella sola[8] en un edificio. Su arquitectura llega a reducirse a[9] puro simbolismo, por lo que los criterios de composición de este monumental retablo modernista[10] han sido [10] en su mayor parte escultóricos[11]. Aunque la importancia de las cuatro torres[12] es fundamental, sobre todo en un sentido urbanístico[13], en la parte baja de la fachada prevalecen los aspectos alegóricos referentes a la Navidad[14] y a los principales pasajes[15] de la vida de Jesús. Con el montaje de este colosal [15] pesebre[16], la voluntad pedagógica de cristianizar a las masas adquiere su máxima eficacia y, de esto[17], tanto Gaudí como la Junta de Obras del Templo[18] eran perfectamente conscientes.

[…]

La Sagrada Familia es la obra más divulgada[19] e internacionalmente conocida de Gaudí, lo que obliga a una especial consideración gráfica[20] de la misma[21]. Las siluetas de las cuatro torres de la Fachada del Nacimiento se han convertido en un esquema simbólico que identifica a Barcelona en todas las

Texto 2　Gaudí y la Sagrada Familia

[解説]

　Templo Expiatorio de la Sagrada Familia（サグラダ・ファミリア贖罪聖堂）は，スペインのカタルーニャ地方の中心都市バルセロナにあります．カタルーニャ地方で用いられるカタルーニャ語では Temple Expiatori de la Sagrada Familia と表記されます．この教会はスペインのモダニズム建築家ガウディ（1852–1926 年）が設計した最も有名な建築物です．ガウディは，普通わたしたちがスペイン語と呼んでいるカスティーリャ語ではアントニオ・ガウディ（Antonio Gaudí）と呼ばれますが，彼が生まれたカタルーニャにおける名前はアントニ・ガウディ・イ・クルネー（Antoni Gaudí i Cornet）です．カスティーリャ語では父方の姓と母方の姓を例えば García Lorca のように続けて表記しますが，カタルーニャ語ではその間に i を入れるので，Francesc Gaudí と Antonia Cornet の息子である Antoni の姓は Gaudí i Cornet となるのです．発音もカスティーリャ語とカタルーニャ語では異なり，例えば 19 世紀半ばのバルセロナ市拡張プロジェクトの中心人物である都市設計家 Cerdá はサルダーと発音されます．

　サグラダ・ファミリア贖罪聖堂の建築は 1882 年に始められました．翌年ガウディが設計責任者となり，彼が 1926 年に没した後も建設が続けられています．完成は 2030 年ごろと言われています．現在は，「生誕のファサード（Fachada del Nacimiento）」，「受難のファサード（Fachada de la Pasión）」に 4 本の鐘楼がたち，内陣の回廊も立ち上がっています．残った「栄光のファサード（Fachada de la Gloria）」と中央鐘楼の建築に向けて作業が進んでいます．完成の暁には，ドイツのケルン大聖堂をしのぐ 170 メートルの高さに達する，世界屈指の大聖堂となる予定です．

　バルセロナにはガウディのみならず，数多くのモダニズム（カタルーニャ語でムデルニスマ，カスティーリャ語でモデルニスモ）の建築が残されています．ガウディの他に，リュイス・ドゥメネク・イ・ムンタネー（Lluis Doménech i Montaner）やジュゼップ・プーチ・イ・カダファルク（Josep Puig i Cadafalch）といったモダニズム建築家が知られています．さまざまな建築を見ながらバルセロナの町を歩くのは，とても楽しいものです．

[注]

1. **la cripta, el ábside y la Fachada del Nacimiento:** それぞれ「地下礼拝堂」，「(教会の) 後陣」，「キリスト生誕の場面を再現したファサード (教会正面)」．
2. **Fachada de la Pasión:** 受難の場面を再現したファサード．
3. **se empezó a construir:** se は construir にかかる再帰代名詞．受け身を表す．
4. **a partir de ... :** 〜以来，以降．
5. **lo construido:** 過去分詞に中性の定冠詞 lo をつけている．「建てられたもの」．
6. **dicha:** 前述の，今述べた．
7. **tal ... que ... :** あまりの〜なので〜だ．
8. **ella sola:** ella は la fachada をさし，代名詞で繰り返すことで強調している．「それ (ファサード) だけで」．
9. **reducirse a ... :** 最終的に〜になる．

107

5. Sueño de los artistas

partes del mundo, hasta tal extremo que los millones de turistas que anualmente visitan nuestra ciudad, en una tercera parte[22] como mínimo, se ven obligados a[23] ver, aunque[24] sólo sea sin bajar del autocar[25], las obras de esta catedral inacabada.

Las 20 películas hechas sobre Gaudí y su obra, algunas de las cuales han sido pasadas en las televisiones europeas; los 60 libros con tirajes[26] que se acercan al medio millón de ejemplares; los casi 2.000 artículos periodísticos publicados en todo el mundo, con un tiraje mínimo de 25 millones de ejemplares; el millón de visitantes de las 60 exposiciones que desde 1910 se vienen celebrando[27]; los cientos de miles de visitantes extranjeros que van a ver sus obras, así como los miles de estudiosos atentos e interesados que vienen expresamente a Barcelona, plantean[28] el fenómeno de Gaudí y su arquitectura a una escala de[29] consumo de masas cada día en aumento[30].

Este hombre, que despreciaba la publicidad, que rehuía todo contacto que pudiese significar una promoción personal, que se encerró voluntariamente en Cataluña, ha conocido una difusión mundial como la han tenido los mejores artistas de nuestra época: Picasso, Cezanne, Van Gogh, Le Corbusier[31], etc.

Como ocurre con todas las cosas que se convierten en mercancía de consumo masivo, Gaudí ha sido objeto de todas las manipulaciones, de todas las comercializaciones, de tantos abanderamientos y apadrinamientos[32], que ha quedado reducido a un esquema[33] estereotipado, a un mito que resume toda su compleja y contradictoria personalidad en un simple símbolo. En este sentido, el falso esquema de "Gaudí el arquitecto de la Sagrada Familia" o "La Sagrada Familia, la obra más importante y única de Gaudí" es un producto vendido y consumido por más de un centenar de millones de personas en todo el mundo.

[...]

Aunque el conocimiento popular no es de por sí[34] garantía de la calidad intrínseca de una obra de arte, no cabe duda de que cuando una obra es realmente buena, su multiplicidad y

Texto 2　Gaudí y la Sagrada Familia

10. **monumental retablo modernista:** モダニズムの記念碑的な祭壇画.
11. **han sido en su mayor parte escultóricos:** 生誕のファサードは教会という建物の一部だが，それ自体独立して象徴的な意味に満ちたものであるので，ファサードの各部分は，大部分が建築的観点というよりも彫刻的観点から組み立てられた，ということを述べている．
12. **torres:** 鐘楼．
13. **sobre todo en un sentido urbanístico:** とりわけ都市計画的な意味で．このフレーズは fundamental にかかる．
14. **referentes a la Navidad:** referente a は「～に関する」という意味．「キリスト降誕に関する」．
15. **pasajes:** 部分，くだり．ここでは「逸話」と訳してもよい．
16. **pesebre:** キリストの生誕の場面を再現する馬小屋と人形の飾り物．
17. **de esto:** esto は前に述べていることをさす．de は後に出てくる conscientes にかかる前置詞．「このことについては（意識していた）」．
18. **la Junta de Obras del Templo:** 教会建設委員会．
19. **divulgada** ＜ divulgar: 普及させる，広める．
20. **consideración gráfica:** 視覚的な考察．
21. **la misma:** ＝ la Sagrada Familia.
22. **una tercera parte:** 3分の1．
23. **se ven obligados a ...:** 「～の義務がある，～せざるをえない」．verse＋過去分詞は，「～の状態にある」の意味．
24. **aunque:** 後に接続法の動詞がつづくと「たとえ～でも」．
25. **autocar:** 観光バス．
26. **tirajes:** 印刷部数．
27. **se vienen celebrando:** venir＋現在分詞で「～してきている」．se は celebrar にかかる再帰代名詞．
28. **plantean** ＜ plantear: 提起する，引き起こす．
29. **a una escala de ...:** ～の規模で．
30. **cada día en aumento:** 日ごとに増加する．
31. **Le Corbusier:** ルコルビュジエ（1887–1965年）．スイス生まれの建築家．
32. **abanderamientos y apadrinamientos:** （モダニズムのような主義主張を）代弁したり擁護すること．
33. **esquema:** 図表，略図，概要，要約といった意味があるが，ここでは「表象」といった訳になるだろう．
34. **de por sí:** それ自体で，それだけで．
35. **con una elevada carga sentimental:** 大きな感情的負荷をもって．つまり「大きな感動を伴って」といった意味．
36. **Maragall:** ジュアン・マラガイ（1860–1911年）．カタルーニャ語で作品を書いた詩人，小説家．
37. **dels:** ＝ de los. カタルーニャ語の表記．

109

5. Sueño de los artistas

riqueza puede satisfacer todos los públicos. En el caso de la Sagrada Familia se superponen tres aspectos distintos — el religioso, el político y el artístico — que al estar desarrollados con una elevada carga sentimental[35] y valor cualitativo indudable, motivan que el Templo haya llegado a ser muy apreciado popularmente. En cada época, los mencionados tres aspectos han ido adquiriendo una valoración distinta. Así, hasta 1900 Maragall[36] la definiría como la "Catedral dels[37] pobres" y la Junta del Templo mantendrá en el anonimato la paternidad de la obra[38]. Pero con la llegada de la burguesía local al poder municipal y provincial en 1905, la Sagrada Familia se convierte en la "Nova[39] Catedral" de "Gran Barcelona", integrada en el Plan Jaussely[40] y como imagen de reunificación[41] social. Finalmente, después del paréntesis de olvido en que quedó durante el período republicano y tras el incendio y saqueo de que fue objeto en 1936[42], se ha ido convirtiendo en la posguerra en una nueva imagen simbólica que adquirirá su máxima función[43] con la Expo Universal[44] de 1982 para la que se plantea terminar la Fachada de la Pasión.

[...]

A partir del Colegio Teresiano[45], en casi todos los edificios de Gaudí se encuentra la típica torre con la cruz tridimensional de los cuatro brazos coronando la fachada[46]. Con ello, se creaba, aunque de forma muy sutil, como una cristianización gaudinista[47] de la ciudad, paralela a la que ejercían en la ciudad antigua los campanarios de la catedral y de las parroquias. La Sagrada Familia, como centro, y las alegóricas cruces de sus edificios, repartidas por la ciudad, ejercían la función simbólica de proyectar la ideología religiosa de Gaudí a todo el paisaje urbano[48].

Su religiosidad está de acuerdo con[49] la obsesiva voluntad de búsqueda y perfeccionamiento que demuestran sus obras. Su concepción del arquitecto como la de un sacerdote de la arquitectura, manifiesta hasta qué punto su pensamiento religioso fue como un modo wagneriano[50] de dar a su trabajo de creación una trascendencia absoluta tanto filosófica como históricamente[51].

Texto 2　Gaudí y la Sagrada Familia

38. **mantendrá en el anonimato la paternidad de la obra:** 作品（教会）の生みの親を匿名にしているのだろう．mantendrá ＜ mantener．この未来形は現在の推量をあらわす．
39. **nova:** = nueva．カタルーニャ語による表記．
40. **Plan Jaussely:** レオン・ジョスリー（フランス人都市設計家）のバルセロナ都市再開発プラン．彼のプランは，1903年バルセロナ市主催で行われたコンペで優勝して実行に移された．
41. **reunificación:** 再統合．
42. **el incendio y saqueo de que fue objeto en 1936:** スペイン内戦初期の1936年にサグラダ・ファミリアは火を放たれ，略奪目当ての暴徒がガウディ関連の文書や建築模型を荒らし，地下礼拝堂におさめられたガウディの墓を暴いた．
43. **función:** 役割．
44. **la Expo Universal:** 万国博覧会．
45. **Colegio Teresiano:** サンタ・テレサ学院．バルセロナ市内にある．前任建築家が二階までの建設を終えたところで姿を消してしまい，ガウディが後を引き継いで完成させた．建物の四隅に十字架を頂く塔が付いている．
46. **la cruz tridimensional de los cuatro brazos coronando la fachada:**「ファサードの上部にある4本の腕のついた立体的な十字架」．
47. **una cristianización gaudinista:** ガウディ式のキリスト教化．
48. **el paisaje urbano:** 都市の景観．
49. **de acuerdo con . . . :** ～と一致している．
50. **un modo wagneriano:** ワーグナーふうのやり方．
51. **tanto filosófica como históricamente:** = tanto filosóficamente como históricamente．哲学的にも歴史的にも．
52. **los que no coincidimos con:** los の中に筆者も含まれているため，それを受ける動詞は coincidimos と1人称複数形になる．
53. **no podemos por menos de . . . :** ～せざるをえない．
54. **el servirse de la religión:**「宗教を利用するということ」．servirse はこの文の主語で定冠詞がついている．
55. **sacralizar:** 聖なるものにする．
56. **Miguel Angel:** ミケランジェロ（1475–1564年）．イタリアの彫刻家，画家，建築家）．
57. **Josep Ràfols:** ジュゼップ・ラフォルス（1889–1965年）．ガウディの最初の伝記である『アントニ・ガウディ』（1928年）を書いた．
58. **ha quedado estrecha:** 主語はその前の la versión tradicional．「（考え方が）狭い，ということになった」．
59. **escalas de valores:** 価値観．

5. Sueño de los artistas

Los que no coincidimos con[52] la interpretación tradicionalmente difundida de Gaudí, no podemos por menos de[53] pensar que su catolicismo no es más que una forma histórica de satisfacer sus ansias infinitas de sabiduría y su necesidad absoluta de amar y ser amado.

Desde este punto de vista, el servirse de la religión[54] para sacralizar[55] su arquitectura, constituye un interesante caso de instrumentalización ideológica que la historia del arte y la cultura presenta a menudo, como ocurre con Miguel Angel[56], por ejemplo. Hoy día, la versión tradicional enunciada por su buen biógrafo Josep Ràfols[57], de que sólo es posible comprender a Gaudí desde dentro de la fe, ha quedado estrecha[58] a partir de la difusión mundial de sus obras, lo que ha permitido el que sean comprendidas y estimadas por hombres de muy diversas culturas y de distintas escalas de valores[59]. Por ello hay que buscar en sus cualidades más universales y permanentes, y no en aquellas formas históricas de pensamiento, la base objetiva para un profundo entendimiento del gran maestro catalán.

Salvador Tarragó, "Sagrada Familia (1884–1926)", *Gaudí*, Barcelona: Editorial Escudo de Oro, S,A., 1982. [担当：木村秀雄]

Texto 2　Gaudí y la Sagrada Familia

サグラダ・ファミリア教会．受難のファサード．

サグラダ・ファミリア教会．キリストの誕生を告げる天使
（生誕のファサード）．

Texto 3 ★ [CD2 n° 4]
Pedro Almodóvar

♣

Silvia Colmenero Salgado

Pedro Almodóvar y su familia vivieron durante ocho años [1] en Calzada de Calatrava[1], trabajando en las labores del campo. Este ambiente rural, unido a la compañía de las mujeres, su madre y sus dos hermanas, le convierten en un ser[2] observador, que escucha las conversaciones de los patios de veci- [5] nas intentando extraer el máximo jugo de sus vivencias[3]. Gran parte de su inspiración y de su comprensión del mundo femenino vendrá precisamente de ahí: «Contra ese machismo manchego[4] que yo recuerdo (tal vez agigantado) de mi niñez, las mujeres fingían[5], mentían, ocultaban, y de ese modo per- [10] mitían que la vida fluyera[6] y se desarrollara, sin que los hombres se enteraran ni la obstruyeran[7]. Además de vital era[8] espectacular. El primer espectáculo que vi fue el de varias mujeres hablando en los patios» (*Press-book*[9]). [. . .]

Según palabras del director, La Mancha[10] es un lugar árido[11] [15] lleno de silencios, de palabras que se callan, de puritanismos y convencionalismos[12], de gente ruda y dura. De ahí que[13] los carnavales se vivieran como el único momento de respiro, la catarsis necesaria. Él recuerda cómo su madre y sus amigas se disfrazaban y gastaban bromas[14], gritaban y reían con un des- [20] enfreno[15] que a él le producía un cierto temor; era como ver todos los instintos sueltos por unos días, era la válvula de escape[16] de unas ansias[17] tanto tiempo reprimidas. Almodóvar debió decidir muy pronto que él no quería sentir tal represión

Texto 3　Pedro Almodóvar

[解説]
　ペドロ・アルモドバル監督はスペイン，フランコ体制末期のマドリードで花開いた若者文化の中心的存在でした．「独裁者フランコがこの世に存在しなかったかのような」映画作りを目指したアルモドバルの作品は，「政治性に欠ける」として一部国内から批判を受けることもありました．しかし処女作『ペピ，ルシ，ボムとその他大勢の女の子たち Pepi, Luci, Bom y otras chicas del montón』（1980 年）から 16 作目の『ボルベール Volver』（2006 年）に至るまで，アルモドバル映画には彼が回避しようとした 20 世紀スペイン社会の歴史が刻印されていることは，今では多くの批評家が認めるところです．
　アルモドバルは国内外の映画，文学，音楽，舞踏を借用し，異なるジャンルを混交しながら独自の映像スタイルと物語を創造します．さらに，フランコ体制下スペインを連想させる文化的記号（闘牛，フラメンコ，カトリシズム等）を逆手にとり，新しい時代が要求する「変化」，「寛容」，そして「政治的・性的解放」の物語に仕立て直します．これは例えば「家族」や「女性」の描き方にも現れています．伝統的な家族像を書き換え，より流動的な人のつながりによる家族関係を模索するアルモドバルは，女性や社会的少数派の欲望や葛藤に対しても包容力のある眼差しを投げかけます．『グロリアの憂鬱 ¿Qué he hecho yo para merecer esto?』（1984 年），『神経衰弱ぎりぎりの女たち Mujeres al borde de un ataque de nervios』（1988 年），そして『オール・アバウト・マイ・マザー Todo sobre mi madre』（1999 年）は，いずれもそうした独特の視点が国際的に高く評価されました．
　こうして「ポスト・フランコ・スペイン」を代表する映画作家として世界的に認知されたアルモドバルの眼差しの原点は，内戦後の抑圧的なスペイン社会における幼少時代の体験にあります．特に近年の作品の最も強いインスピレーションとなっているのがアルモドバルの母親の存在です．本テクストは，映画館すらない小さな村に生まれ，やがてマドリードで映画を撮り始めるまでの監督のバイオグラフィーです．

[注]
1. **Calzada de Calatrava:** スペイン中部カスティーリャ＝ラ・マンチャ州西南のシウダー・レアル県に属する人口約 4600 人の小さな村．アルモドバルはここで生まれた．
2. **ser:** ここでは「人」を意味する．
3. **extraer el máximo jugo de sus vivencias:** 彼女たちの個人的な体験の本質を最大限引き出す．jugo は「本質，内容」．
4. **manchego:** ラ・マンチャの．
5. **fingían** ＜ fingir: 見せかける．
6. **fluyera** ＜ fluir: 接続法過去 3 人称単数形．
7. **obstruyeran** ＜ obstruir:「妨害する」の接続法過去 3 人称複数形．
8. **era** ＜ ser: この文の主語は前文の内容を受けて「女性たちの様子」とすることができよう．

5. Sueño de los artistas

toda su vida y que su camino debía ser mucho más contestatario y libre, tal como muestran sus películas sobre todo las primeras, aún rodadas en un ambiente de miedo y autocensura[18]. Él mismo ha afirmado en varias ocasiones que lo que menos le gustaba del pueblo era precisamente esa atmósfera opresiva y represora en la que no se permitían ni los más mínimos[19] placeres. [...]

[...]

En Cáceres[20], lugar al que emigra Pedro Almodóvar cuando tenía ocho años, continúa absorbiendo todos los acontecimientos del entorno, aprendiendo de su madre. Ella quiso transformarle en una especie de maestro en aquella aldea casi analfabeta, donde él se dedicaba a dar clase a muchachos por las noches. Aquella incultura también llevó[21] a su madre a convertirse en una lectora de cartas muy al estilo de[22] *Estación central de Brasil*.[23] El don de[24] improvisar, de fingir con absoluta naturalidad de su madre le fue revelado a Pedro en aquellas visitas a las vecinas con intención de leerles las cartas. Él la acompañaba para escuchar embelesado[25] cómo su madre medio leía y medio inventaba lo que contenían esas cartas, cómo era capaz de conocer las necesidades de sus vecinos y perfeccionar las palabras de esas cartas para que sus receptoras escucharan lo que realmente querían escuchar. Recuerdos y preguntas que no existían se convertían en sonrisas y complacencia en el rostro[26] de quien las[27] esperaba. Esto le dio a Almodóvar claves sobre la relación entre ficción y realidad. La ficción «actúa muchas veces como unificadora[28] de esa realidad, rellena los huecos que ésta deja y que necesitan ser completados porque la una sin la otra[29] no pueden existir».
[...]

A los dieciséis años decide instalarse en Madrid sin su familia con la idea de hacer cine, aunque aún le queda un largo camino por recorrer. La Escuela Oficial de Cine[30], que se había convertido en una de las pocas posibilidades que les quedaban a los jóvenes con inquietudes[31] cinematográficas de poder acceder al conocimiento de ese mundo, acababa de ser clausurada por Franco[32]. De ahí que Almodóvar, al igual que

Texto 3　Pedro Almodóvar

9. *Press-book*:「プレスブック」．配給会社が報道関係者に配布する映画の宣伝用解説資料．
10. **La Mancha:** ラ・マンチャ（スペイン中央部の地方）．
11. **árido:** 乾燥した．
12. **puritanismos y convencionalismos:**（道徳的に過度な）厳格主義と慣例主義．
13. **de ahí que . . . :** de ahí que＋接続法で「したがって〜」．
14. **gastaban bromas** ＜ gastar bromas: からかう，いたずらをする．
15. **desenfreno:** 歯止めがきかない様子，節度のなさ．
16. **válvula de escape:** はけ口．
17. **ansias:** 欲求．
18. **autocensura:** 自己検閲．
19. **ni los más mínimos:** ほんの少しの（〜もない）．
20. **Cáceres:** カセレス（スペイン西部エストレマドゥーラ州を構成するカセレス県の県都）．アルモドバルはここで厳格なカトリック教育を受けたが，放課後は映画館に足繁く通っていた．
21. **llevó** ＜ llevar: llevar a＋不定詞．「〜に至らせる」．
22. **al estilo de . . . :** 〜のような．
23. *Estación central de Brasil*:『モーターサイクル・ダイアリーズ *Diarios de motocicleta*』(2004)で知られるウォルター・サレス監督のブラジル映画『セントラル・ステーション *Central do Brasil*』(1998)．詐欺まがいの代書業を営む中年女性ドーラが母を失った少年ジョズエと彼の父探しの旅に出るロードムービー．ドーラは読み書きのできない客のために言葉を補いながら脚色した手紙を代筆するが，実際に手紙を投函することはない．この映画はそのようなドーラをジョズエが変えていくという物語．
24. **don de:** 〜の才能．
25. **embelesado:** 魅了されて．
26. **recuerdos . . . rostro:** recuerdos y preguntas . . . は実際には存在しないが，アルモドバルの母親が「代読する／創造する」手紙に含まれる「近況をたずねる質問」のこと．ここではそれらが人びとの顔に sonrisas と complacencia をもたらした，という意味．
27. **las:** ここの代名詞 las は前文の "cartas" を受けている．
28. **unificadora:** 統一するもの．
29. **la una sin la otra:** どちらか片一方では．
30. **La Escuela Oficial de Cine:** EOC．「国立映画学校」．1947年に設立された「国立映画研究所」から1962年に改組され，ビクトル・エリセ監督など60年代の「ニュー・スパニッシュ・シネマ」の担い手たちを輩出したが，1971年に閉鎖された．
31. **inquietudes:** ここでは「関心」や「創作欲」を意味する．
32. **Franco:** Francisco Franco Bahamonde（1892–1975年）．軍人，独裁者．フランコは1939年から1975年に没するまで独裁政権を維持した．

5. Sueño de los artistas

『ペピ，ルシ，ボムとその他大勢の女の子たち』(1980年) のなかのアラスカ・イ・ロス・ペガモイデス．

『オール・アバウト・マイ・マザー』(1999年) のワンシーン．

Texto 3　Pedro Almodóvar

『オール・アバウト・マイ・マザー』撮影中のアルモドバル．

119

5. Sueño de los artistas

muchos otros, tuviera que optar por el autodidactismo[33] para poder introducirse en un mundo que le atraía y del que aprendió todo a base, primero, de[34] ver mucho cine y, en segundo lugar, de sus experimentos con sus propias películas. La falta de rigor técnico de que se le acusaba en sus primeros filmes no era más que[35] la respuesta a esta inquietud por el conocimiento del medio[36], pero sus toques brillantes ya aparecían desde un principio. Varios trabajos esporádicos y finalmente la consecución de una plaza en la Compañía Telefónica[37], donde permanece doce años como auxiliar administrativo[38], le dan la libertad económica para dedicar sus ratos libres a lo que realmente le apasiona: el cine.

[...]

En esta época, Almodóvar se adentraba poco a poco en el mundo del cine por puertas adyacentes[39] e iba adquiriendo los conocimientos necesarios para comenzar su andadura en solitario[40]. Colaboró como extra, tanto en cine como en teatro; formó parte del grupo teatral Los Goliardos (un amor al teatro que queda patente[41] en *Todo sobre mi madre*), escribió fotonovelas[42] y empezó a rodar sus primeros cortos en super 8[43]. Su interés por las fotonovelas y el cómic femenino le inspiran el personaje de Patty Diphusa[44]. Con Fabio MacNamara[45] compuso numerosas letras y canciones que le llevaron a cantar junto a artistas luego consagrados, como Alaska y Los Pegamoides[46], y lo que es más importante, le permitieron irse introduciendo en el mundillo artístico y conocer a multitud de seres con los que poblaría sus películas. Este movimiento surgido en la capital fue conocido como la *movida madrileña*[47], término que hacía referencia al ambiente que se vivía en esta ciudad. Se trataba de un ansiado tipo de renacimiento artístico español en un lugar donde confluyeron gran cantidad de artistas y pseudoartistas[48] que, a modo de generación, preconizaban[49] el nacimiento de un estilo nuevo y transgresor[50]. De la mano de[51] la *movida*, España comenzaba a ser conocida en el extranjero por algo más que los toros, e incluso se la asociaba con el concepto de posmodernidad[52].

Silvia Colmenero Salgado, *Todo sobre mi madre*, Barcelona: Ediciones Paidós, 2001, pp. 18–21. [担当：那須まどり]

Texto 3　Pedro Almodóvar

33. **autodidactismo:** 独学．
34. **a base de . . . :** 〜のおかげで．
35. **no era más que . . .** ＜ no ser más que . . . : 〜にすぎない．
36. **medio:** この「メディア」は「映画」のこと．
37. **Compañía Telefónica:** 通信会社「テレフォニカ」は当時は公社．アルモドバルは 15 時まで勤務し，それ以後の時間を短篇映画制作などに費やした．長編映画処女作『ペピ，ルシ，ボムとその他大勢の女の子たち *Pepi, Luci, Bom y otras chicas del montón*』(1980) のヒットを機に同社を退職する．
38. **auxiliar administrativo:**（下級の）事務官．
39. **puertas adyacentes:**（比喩的な意味で）身近な入り口．
40. **andadura en solitario:** 独り歩き．
41. **queda patente** ＜ quedar patente: 明白である．
42. **fotonovelas:** フォトノベーラ．写真のキャプションを使ったコミックで，内容は恋愛ものが多い．
43. **super 8:**「スーパー 8」．8 ミリカメラの一種．
44. **Patty Diphusa:** 雑誌『マドリードの月 *La luna de Madrid*』にアルモドバルが連載した小説の主人公の名前．『パティ・ディプーサ』(杉山晃訳，水声社，1992 年) に収録されている．
45. **Fabio MacNamara:** アルモドバルはマクナマラとパンク・ロック・デュオ「アルモドバル＆マクナマラ」を組んでいた．
46. **Alaska y Los Pegamoides:**「モビーダ」(注 47 参照) の代表的なロック歌手アラスカ率いるバンド．
47. *movida madrileña*:「モビーダ」．1970 年代末から 80 年代初頭にマドリードのアーティストの間で生まれたムーヴメントの呼称．欧米諸国のパンク・ロック，グラム・ロック，ヒッピー・ムーヴメント (ドラッグ・カルチャー，フェミニズム，ゲイ解放運動) の影響を受け，フランコ体制下の文化との断絶をめざした．"*movida*" とも呼ぶ．
48. **pseudoartistas:** 似非芸術家．
49. **preconizaban** ＜ preconizar: 提唱する．
50. **transgresor:** 逸脱した．
51. **de la mano de . . . :** 〜に引っ張られて．
52. **posmodernidad:** ポストモダニティ．

6

Aventura por la literatura

Texto 1 ★★

A un olmo seco

♣

Antonio Machado

    Al olmo viejo[1], hendido[2] por el rayo[3]   [1]
y en su mitad podrido[4],
con las lluvias de abril y el sol de mayo,
algunas hojas verdes le han salido.
    ¡El olmo centenario[5] en la colina   [5]
que lame[6] el Duero[7]! Un musgo amarillento
le mancha la corteza blanquecina
al tronco carcomido y polvoriento.
    No será, cual[8] los álamos cantores
que guardan el camino y la ribera,   [10]
habitado de[9] pardos ruiseñores.
    Ejército de hormigas en hilera
va trepando por él, y en sus entrañas
urden sus telas grises las arañas.
    Antes que te derribe, olmo del Duero,   [15]
con su hacha el leñador, y el carpintero
te convierta en melena de campana[10],
lanza[11] de carro o yugo de carreta;
antes que rojo[12] en el hogar[13], mañana,
ardas de alguna mísera caseta[14],   [20]
al borde de un camino;
antes que te descuaje[15] un torbellino
y tronche[16] el soplo de las sierras blancas;
antes que el río hasta la mar te empuje

Texto 1　A un olmo seco

[解説]
　アントニオ・マチャード (1875–1939 年) は南スペインのセビーリャの出身ですが，彼の人生で決定的だったのは，1907 年に高校のフランス語教師としてソリアの町 (マドリードの北北東約 180 キロ) に赴任したことでした．詩人は「不毛で寒々とした」ソリアの風景に打たれ，質朴で真率な言葉でそれを描きました．そこには 1898 年の米西戦争に敗れ，最後の植民地を失って没落の極みにあった祖国の姿も重なります．さらに詩人はソリアで，最愛の人と出会い，1909 年に結婚します．このとき詩人は 34 歳，妻のレオノールはようやく 16 歳になったばかりの乙女でした．しかし二人の幸福は，2 年後の 1911 年にレオノールが結核を患い，翌年 8 月に亡くなることであえなく断ち切られます．妻の死の 1 週間後，詩人はソリアを後にしています．
　«A un olmo seco» は，代表詩集 *Campos de Castilla* (『カスティーリャの野』，1912 年) に収められています．ここで「私」は，枯死したかと見えた楡の老木に若葉が生えたのを目にし，心を動かされます．第 5 連に入ると「私」は楡の木に直接語りかけ，antes que (〜する前に) で始まる従属節をいくつも連ねて次第に詩の調子を高めます．しかし詩の末尾の 3 行が，詩全体に新たな光を投げかけます．この作が書かれたのは，1912 年 5 月のこと．古木に芽生えた新たな生命を目撃し，詩人は妻の重病が癒える milagro「奇跡」をひそかに期待したのです．

[注]
1. **al olmo viejo**:「古い楡の木から」の意で，4 行目の代名詞 le によって改めて受けられ，han salido の間接目的語となっている．
2. **hendido** ＜ hender: 割る，ひびを入れる．
3. **rayo**: 稲妻，雷．
4. **podrido**: podrirse の過去分詞で，「朽ちた」の意．1 行目の hendido と同じく al olmo viejo にかかる．
5. **centenario**: 樹齢百年の．
6. **lame** ＜ lamer: (川などが) 舐める，洗う．
7. **el Duero**: ドゥエロ川．ソリアの町の東部を北から南に流れる川．ソリアの南方で西方向に向きを変え，スペインとポルトガルの北部を横断して大西洋に注ぐ．全長 925 km．川の名前に定冠詞の男性単数形がつくのは，río「川」という名詞が省略されているから．
8. **cual**: ＝ como「〜のように」．cual から次の行の la ribera までは挿入句なので，カッコでくくって考えると解釈しやすい．
9. **habitado de**: ここの de は，受動態の〈行為者〉を表す (＝ por)．
10. **melena de campana**: 鐘をつるす横木．
11. **lanza**: (馬車などの) かじ棒，ながえ．
12. **rojo**: 文法的には形容詞で，次行 ardas の主語 tú にかかるが，副詞のように訳してよい．
13. **hogar**: かまど，暖炉．

6. Aventura por la literatura

por valles y barrancas, [25]
olmo, quiero anotar en mi cartera[17]
la gracia de tu rama verdecida.
Mi corazón espera
también, hacia la luz y hacia la vida,
otro milagro de la primavera. [30]

Antonio Machado, *Poesías completas* (edición Manuel Alvar), 22a edición, Madrid: Espasa Calpe S.A. (Colección Austral), 1996, pp. 207–208. [担当：竹村文彦]

14. **de alguna mísera caseta:** 前行の hogar にかかる．caseta は casa に縮小辞 -eta がついた形で，「粗末な家，小屋」の意．
15. **descuaje** < descuajar: 根こそぎにする．
16. **tronche** < tronchar: へし折る．
17. **cartera:** 手帳．厳密には，「書類入れ，紙ばさみ」．

マチャードと，若くして亡くなる最愛の妻レオノール・イスキエルド．

Texto 2 ★★
El viaje definitivo[1]

♣

Juan Ramón Jiménez

   . . . Y yo me iré[2]. Y se quedarán los pájaros   [1]
cantando;
y se quedará mi huerto[3], con su verde árbol,
y con su pozo blanco.
   Todas las tardes, el cielo será azul y plácido[4];   [5]
y tocarán[5], como esta tarde están tocando,
las campanas del campanario.
   Se morirán aquellos[6] que me amaron[7];
y el pueblo se hará nuevo cada año;
y en el rincón aquel[8] de mi huerto florido y encalado[9],   [10]
mi espíritu errará, nostáljico[10] . . .
   Y yo me iré; y estaré solo, sin hogar, sin árbol
verde, sin pozo blanco,
sin cielo azul y plácido . . .
Y se quedarán los pájaros cantando.   [15]

Juan Ramón Jiménez, *Segunda antolojía poética (1898–1918)*, 4a edición, Madrid: Espasa Calpe S.A. (Selecciones Austral), 1983, pp. 112–113. [担当：竹村文彦]

Texto 2　El viaje de finitivo

[解説]

　フアン・ラモン・ヒメネス (1881–1958年) は，スペインのノーベル賞詩人．厖大な数の詩を書き，発表後もそれに絶えず手を加え，完璧な美を追求することに生涯を捧げました．死に対して異常な恐怖を抱き，詩の中でもたびたび自身の死に思いを巡らせました．初期の詩 «El viaje definitivo» (*Poemas agrestes*『田園の詩』，1910–1911年所収) でも，「私」は自分が死んだ後の世界を空想しています．鳥の鳴き声も，果樹園も，教会の鐘の音も何ひとつ変わらないのに，ただ「私」だけがそこにいないのです．周囲の事物の不変性 (ないし更新性) と対比されて，「私」の生のはかなさが際立ちます．詩は「…」によって口ごもるように始まり，y「そして」が何度もくり返されて畳みかけるような調子を帯び，さらに 12 行目以降の sin「～なしに」の反復が切迫感を強めます．この詩に描かれた場所は，おそらくヒメネスの故郷，南スペインの町モゲールでしょう．ここは，詩人とロバとの心温まる交友を綴った散文詩集 *Platero y yo* (『プラテーロと私』，1914年) の舞台でもあります．

　1916年，詩人は大西洋を船で渡り，ニューヨークで結婚式を挙げます．この航海の体験によって彼の詩は大きく変わります．韻律は自由律となり，以前の感傷性や感覚的な要素は排除され，知性の力で事物の本質を見極める〈裸の詩〉が以降は志向されます．詩人はまた，汎神論的な神秘主義に接近し，神と一体化することで死への恐怖を克服しようとします．

[注]

1. **El viaje definitivo:** definitivo は「決定的な，最終的な」．「最後の旅」とは，むろん「死出の旅」のこと．
2. **me iré:**　動詞 ir は se がついて再帰動詞になると，「立ち去る，行ってしまう」といった意味合いになる．意味に微妙な変化を与える再帰動詞の用法．この詩には，他にも再帰動詞が何度も出てくる．たとえば，se quedarán (1行目)，se morirán (8行目)，se hará (9行目) など．それぞれの用法を確認してみよう．
3. **huerto:** 果樹園，野菜畑．huerta よりも規模が小さい．
4. **plácido:** = tranquilo, suave．「穏やかな」の意．
5. **tocarán** < tocar: (鐘などが) 鳴る．
6. **aquellos:** あの人たち．指示代名詞であるが，誤解の恐れのないときにはアクセント記号は不要．
7. **amaron:** 時制が点過去であることに注意．人々が「私」を愛してくれたのは過去の話なのだ．この詩で「私」が愛惜するものは，木や井戸や空であり，肉親でも友人でもない．「私」の孤独がうかがわれる．
8. **el rincón aquel:** rincón は「片隅」．冠詞と指示形容詞を両方名詞の前からかけることはできないため，指示形容詞を後置した．
9. **encalado** < encalar: (肥料として) 石灰をまく．
10. **nostáljico:** 正式な綴りは nostálgico であるが，ヒメネスは正書法が ge, gi を要求する箇所でも一貫して je, ji という綴り方を用いた．この語は文法的には形容詞であり，主語の mi espíritu にかかるが，副詞のように訳してよい．

Texto 3 ★★
Te recuerdo como eras . . .

♣

Pablo Neruda

Te recuerdo como eras[1] en el último otoño. [1]
Eras la boina[2] gris y el corazón en calma.
En tus ojos peleaban las llamas del crepúsculo.
Y las hojas caían en el agua de tu alma.

[5]

Apegada[3] a mis brazos como una enredadera[4],
las hojas recogían tu voz lenta y en calma.
Hoguera de estupor en que mi sed ardía[5].
Dulce jacinto azul torcido sobre mi alma[6].

[10]

Siento viajar tus ojos[7] y es distante el otoño:
boina gris, voz de pájaro y corazón de casa
hacia donde emigraban mis profundos anhelos
y caían mis besos alegres como brasas.

[15]

Cielo desde un navío. Campo desde los cerros[8].
Tu recuerdo es de luz, de humo, de estanque en calma[9]!
Más allá de tus ojos ardían los crepúsculos.
Hojas secas de otoño giraban en tu alma.

Pablo Neruda, *Veinte poemas de amor y una canción desesperada* (edición José Carlos Rovira), Madrid: Espasa Calpe S.A. (Colección Austral), 1997, p. 85. [担当：竹村文彦]

Texto 3　Te recuerdo como eras…

[解説]

　パブロ・ネルーダ (1904–1973 年) は，チリのノーベル賞詩人．生涯に 40 冊以上の詩集を発表した多作な詩人で，その作風も最初期の新ロマン主義的な傾向から，実存主義的な前衛詩，社会参加の詩，身近な事物を素朴に歌った詩，自伝的な詩，と推移しました．*Veinte poemas de amor y una canción desesperada*（『二十の愛の詩と一つの絶望の歌』，1924 年) は，詩人の最初期に属する出世作で，スペイン語圏だけで 300 万冊近い売り上げを記録し，すでに恋愛詩集の古典になっています．女性の肉体の謳歌に始まり別離の苦悩に終わるこの作品では，大地や風，波や星空といった自然が重要な位置を占め，恋人の女性はしばしばそうした自然と一体化します．恋人のモデルには，田舎の女性 (ネルーダの回想録では Marisol) と都会の女性 (Marisombra) の 2 人がいたようです．

　テクストに採ったのは，この詩集の 6 番目の詩で，「私」は別れた恋人を回想しています．恋人は秋の黄昏の中にいて，黄昏の風景に溶け込んでいる (4 行目など)．失恋の苦しみはもう影を潜め，甘い憂愁が全体を覆っています．ゆったりとしたリズムや静的な印象は，1 行の音節数が 14 音節と長いことや，冒頭のイメージ (3・4 行目) に末尾でまた立ち返っている点などから生まれているでしょう．

[注]

1. **como eras:** 直訳すれば，「君が実際そうあった姿で」．
2. **boina:**「ベレー帽」は当時，チリの都会に住む若い女性の間で流行していた．
3. **apegada:** apegarse の過去分詞で，「まとわりついた」の意．この行に tú という隠れた主語を想定し，それにかけて解釈してもよいし，あるいは次行の tu voz にかけてもよい．前者の解釈では，過去分詞を用いた独立分詞構文となる．*Ej*.: Terminada la cena, regresamos a casa.「夕食が終わると，私たちは帰宅した」．
4. **enredadera:** つる植物．
5. **Hoguera de estupor en que mi sed ardía.:** hoguera は「たき火」で，estupor は「呆然とした・忘我の状態」．詩句全体としては，「私」の激しい欲望の対象としての「君」のイメージ．
6. **Dulce jacinto azul torcido sobre mi alma.:** torcido は「折れた，曲がった」．全体としては，前行とは相反する，か弱く優しい「君」のイメージ．
7. **siento viajar tus ojos:**「君の目が旅してゆくのを私は感じる」．siento (< sentir) は感覚動詞．
8. **Cielo desde un navío. Campo desde los cerros.:** どちらの言い回しも，現在の「君」との距離の遠さを表している．あるいは単に，「君」とのデートで目にした光景とも取れよう．navío は「大型の船」，cerro は「丘」．
9. **de estanque en calma!:** 感嘆符や疑問符は，逆さにして文の前にもつけるのがスペイン語の習慣であるが，ネルーダは英語のように，これらを後ろにしかつけなかった．

Texto 4 ★★
Ajedrez[1] II

♣

Jorge Luis Borges

Tenue rey[2], sesgo alfil[3], encarnizada [1]
reina[4], torre[5] directa y peón ladino[6]
sobre lo negro y blanco[7] del camino
buscan y libran[8] su batalla armada[9].
                                            [5]
No saben que la mano señalada[10]
del jugador gobierna su destino,
no saben que un rigor adamantino[11]
sujeta su albedrío y su jornada[12].
                                            [10]
También el jugador es prisionero
(la sentencia es de Omar[13]) de otro tablero[14]
de negras noches y de blancos días.

Dios mueve al jugador, y éste, la pieza[15]. [15]
¿Qué dios[16] detrás de Dios la trama[17] empieza
de polvo[18] y tiempo y sueño y agonías?

Jorge Luis Borges, *Obra poética, 2 (1960–1972)*, 1a reimpresión de la 1a edición, Madrid: Alianza Editorial (Biblioteca Borges), 1999, p. 17. ［担当：竹村文彦］

Texto 4　Ajedrez II

[解説]

　ホルヘ・ルイス・ボルヘス（1899–1986 年）は，アルゼンチンの作家・詩人．さまざまな企みに満ちた短篇小説の作家として世界的に有名ですが，当人は自身を何よりもまず詩人と捉えています．若い頃には前衛運動を主導しましたが，すぐに離反，古典主義と伝統の道を進んで意図的な時代錯誤を実践しました．ボルヘスにとって，当を得た隠喩はすでに先人の手で開拓し尽くされていて，無理に捻り出した珍奇な隠喩などすぐに廃れる運命にあったからです．自分の老いや盲目の感懐も歌いましたが，古今東西の哲学や文学を渉猟した彼は，時間，無限，夢，分身，記憶と忘却といった観念と戯れることをより好みました．
　「この世界に何をしに来たのか，自分の行為や感情や考えが何に呼応しているのか，それは誰も知らない」．ボルヘスが好んで引く，フランスの作家レオン・ブロアの言葉です．私たちは自分の意志で自由に行動しているつもりだけれど，実は神の秘められた意図を実現しているだけなのかも知れない．«Ajedrez II»（詩文集 El hacedor『創造者』，1960 年所収）は，チェスの指し手と駒の関係を借りて，こうした思想を見事に表現しています．さらにその神にしても，より上位の神に操られていて，その上位の神も……とこの連鎖は無限に続きます．オマル・ハイヤームという過去の詩人への言及や，詩中に「私」が一度も顔を出さない点も，いかにもボルヘス的です．なお，この詩と類似の発想を展開させた短篇に，Ficciones『伝奇集』，1944 年）に収められた «Las ruinas circulares»（「円環の廃墟」）があります．

[注]

1. **ajedrez:** チェス．
2. **rey:**（チェスの駒の）キング．キングは前後左右斜めに一升ずつしか動けず，取られてしまえばそれで負けである．その意味で，tenue「弱い」駒といえる．
3. **sesgo alfil:** sesgo は「斜めに進む」，alfil は「（チェスの駒の）ビショップ」．ビショップは将棋の角行と同様，斜め方向ならいくつでも動ける．
4. **encarnizada reina:** encarnizada は「残虐な，獰猛な」，reina は「（チェスの駒の）クイーン」．クイーンは，前後左右斜めにいくつでも動ける強力な駒．
5. **torre:**（チェスの駒の）ルーク．将棋の飛車と同様，前後左右にいくつでも動ける．
6. **peón ladino:** peón は「（チェスの駒の）ポーン」．将棋の歩兵に似て，前に一升しか進めないが，敵の駒を取るときには斜めに一歩進むし，敵陣の一段目まで達するとクイーンやルークなどになる．ladino「狡猾な，ずる賢い」という形容は，こうした点からか．
7. **lo negro y blanco:**「中性の定冠詞 lo＋形容詞」で抽象名詞になる．Ej: Lo importante es hacer todo lo posible.「大事なのは，可能な限りのことをすることだ」．
8. **libran** < librar:（戦いを）繰り広げる．
9. **armada:** 武装した，武器を駆使した．
10. **señalada** < señalar: 指示を与える．

6. Aventura por la literatura

新大陸に亡命したヒメネスは,
プエルト・リコで晩年を送った.

『二十の愛の詩と一つの絶望の歌』
が出版された当時のネルーダ.

地球儀で南アメリカ大陸を示す
ボルヘス.

Texto 4　Ajedrez II

11. **adamantino:** diamante「ダイヤモンド」の形容詞形．「ダイヤモンドのように堅固な」の意．
12. **jornada:** 一生，生涯．
13. **Omar:** ペルシアの詩人・科学者オマル・ハイヤーム (1048–1131 年) のこと．その四行詩集『ルバイヤート』は，19 世紀イギリスの詩人エドワード・フィッツジェラルドの英訳で広く世界に知られたが，その英訳の第 49 歌に「昼と夜とが交互に並びつらなる盤の上で / 運命が人間を駒にして将棋を楽しむ」(森亮訳) とある．
14. **tablero:**（チェスの）盤．
15. **pieza:**（チェスの）駒．
16. **dios:** キリスト教の神と区別するため小文字で記されている．
17. **trama:** 仕掛け，からくり．ここでは，この世界という仕掛け．文中では，empieza の目的語．
18. **polvo:** 塵．キリスト教の考え方によると，人間は塵からできている．たとえば創世記 (3 章 19 節) で，アダムは神から「塵にすぎないお前は塵に返る」と宣告される．de polvo 以下は，前行の la trama にかかる．

スペイン語の詩の韻律について

　スペイン語で書かれた詩の多くは，一定の韻律の規則に従っています．その規則は簡単にいうと，(1) 1 行の音節数が定まっていること，(2) 脚韻 (rima) を踏むこと，この 2 つです．詩における音節数の数え方は通常とは少し違っていて，行末の単語が最後の音節にアクセントをもつ場合 (たとえば corazón)，数えた音節数に 1 を足し，行末の単語が最後から 3 番目の音節にアクセントをもつ場合 (たとえば crepúsculo) には，数えた音節数から逆に 1 を引くことになっています．したがって，Por la tarde ves temblar も los cipreses con los pájaros も，ともに 8 音節の詩行です．また，sesgo alfil のように単語の間に母音が並んだときは，それらの母音を 1 つと数えます．ここで取り上げたボルヘスの詩を見ると，どの詩行も 11 音節からなることが分かるでしょう．11 音節の詩行は，8 音節の詩行とともにスペイン語では最も一般的なものです．

　次に (2) の脚韻とは，詩の行末 (厳密にいうと，アクセントのある最後の母音から後) で同じ音が反復されることです．ボルヘスの詩では，1 行目と 4 行目，2 行目と 3 行目の末尾がそれぞれ -ada，-ino で一致し，脚韻を踏んでいます．このように行末の音が，母音も子音も完全に一致する韻を「同音韻」(consonante) と呼び，母音のみが一致する韻 (たとえば pena と deja の場合) を「類音韻」(asonante) と呼びます．詩人たちがこうした韻律の規則を窮屈に感じ，自由詩を試み始めるのは，19 世紀も終わり近くになってのことです．

　なお，ここのボルヘスの詩のように，4 行 + 4 行 + 3 行 + 3 行で構成された 14 行詩をソネットといいます．これはヨーロッパでも最も古典的な詩型です．

Texto 5 ★★★ [CD2 nº 5]

Peribáñez y el Comendador de Ocaña

♣

Lope de Vega Carpio

PERIBÁÑEZ	Casilda, mi amor merece	[1]
	satisfacción de mi amor[1].	
	Ya estamos en nuestra casa,	
	su dueño y mío has de[2] ser:	
	ya sabes que la mujer	[5]
	para obedecer se casa;	
	que así se lo dijo Dios	
	en el principio del mundo[3];	
	que en eso estriba, me fundo,	
	la paz y el bien de los dos[4].	[10]
	Espero, amores[5], de ti	
	que has de hacer gloria mi pena[6].	
CASILDA	¿Qué ha de tener para buena[7]	
	una mujer?	
PERIBÁÑEZ	Oye.	[15]
CASILDA	Di.	
PERIBÁÑEZ	Amar y honrar su marido	
	es letra deste[8] abecé,	
	siendo buena por la B,	
	que es todo el bien que te pido.	[20]
	Haráte cuerda la C[9],	
	la D dulce, y entendida	
	la E, y la F en la vida	
	firme, fuerte y de gran fe.	

Texto 5　Peribáñez y el Comendador de Ocaña

[解説]

　ロペ・デ・ベガ・カルピオ（Lope de Vega Carpio, 1562–1635 年）はスペイン黄金世紀（16–17 世紀）を代表する文学者の一人で，さまざまなジャンルにおいて膨大な数の作品を著しました．特に有名なのがその戯曲で，彼は「スペイン国民劇」ともいうべき，悲劇と喜劇を自由な精神で融合させた三幕の韻文戯曲「コメディア」(comedia)というジャンルの完成者として，スペイン文学史に燦然と輝く名を残しています．

　『ペリバニェスとオカーニャの領主』（Peribáñez y el Comendador de Ocaña）は 17 世紀初頭にロペが執筆したと考えられている，1614 年初版のコメディアで，彼の代表作の一つです．オカーニャという村を舞台にして，「名誉」(honor)というこの時代きわめて重要であった概念を軸に，横暴な貴族領主と誇り高い農民のあいだの対立を描いた劇ですが，ここに取り上げたのは第一幕，新婚の農民夫婦ペリバニェスとカシルダが婚礼のあと家で交わす牧歌的対話の場面です．頭文字を並べるとアルファベット順になるように単語を選びながら夫婦相互の義務を説く対話の妙を味わうとともに，この時代の男女の愛や結婚のあり方についても考えてみてください．男女が互いに要望を出し合っているという意味での対等性はありますが，それぞれに課せられた具体的な義務は必ずしも同じではありません．カシルダからの要望が夫の自分に対する態度に関するものに限定されているのに対し，ペリバニェスからの要望は夫婦の社会的な評判を強く意識したものになっています．

　ロペの生きた時代はちょうど近代スペイン語の確立期でした．『ペリバニェス』も，現代スペイン語の文法知識があれば大きな苦労なく読むことができます．ただし，単語の綴りや意味に現代スペイン語と違うものがあり，また韻文であるために語順の自由度が高いので，注意してください．ペリバニェスとカシルダのアルファベットには，共通して J, K, U, W, Y が欠けていますが，これは当時のスペイン語では発音と表記の体系が現代とは異なっていたためです．

　なお引用は，初版をもとにした現代の校訂版（ed. Donald McGrady, Barcelona: Crítica, 1997）からおこないました．

[注]

1. **mi amor merece satisfación de mi amor:** merecer は他動詞．同語反復的な文章だが「私の愛は私の愛が満たされるに値する」ということ．
2. **has de:** haber de は義務や必要性，あるいは強い推定を表す文語表現．このテクストには何回も出てくる．
3. **así se lo dijo Dios en el principio del mundo:** 旧約聖書「創世記」3 : 16 の，アダムとエバのエピソードを踏まえている．「[神ヤハウェは]妻[エバ]に言った．[中略]あなたの想いはあなたの夫に向かい，彼があなたを治めるであろう」（月本昭男訳，岩波書店，1997 年）．
4. **en eso estriba, me fundo, la paz y el bien de los dos:** la paz y el bien de los dos estriba, y me fundo, en eso ということ．「そのこと（妻が夫に従うこと）に二人の平安と幸福が依拠しているし，また私もそうした立場に拠って立つ」．

6. Aventura por la literatura

    La G grave[10], y para honrada   [25]
la H, que con la I
te hará ilustre, si de ti
queda mi casa ilustrada[11].
    Limpia serás por la L,
y por la M maestra   [30]
de tus hijos, cual lo muestra
quien de sus vicios se duele[12].
    La N te enseña un *no*
a solicitudes[13] locas;
que este *no*, que aprenden pocas[14],   [35]
está en la N y la O.
    La P te hará pensativa,
la Q bienquista, la R
con tal razón, que destierre
toda locura excesiva[15].   [40]
    Solícita te ha de hacer
de mi regalo la S[16],
la T, tal que no pudiese
hallarse mejor mujer[17].
    La V te hará verdadera[18],   [45]
la X buena cristiana[19],
letra que en la vida humana
has de aprender la primera.
    Por la Z has de guardarte
de ser zelosa[20]; que es cosa   [50]
que nuestra paz amorosa
puede, Casilda, quitarte[21].
    Aprende este canto llano[22];
que con aquesta[23] cartilla
tú serás flor de la villa,   [55]
y yo el más noble[24] villano.

CASILDA   Estudiaré, por[25] servirte,
las letras de ese abecé;
pero dime si podré
otro, mi Pedro, decirte,   [60]
  si no es acaso licencia[26].

Texto 5　Peribáñez y el Comendador de Ocaña

5. **amores:** 参照した校訂版では呼びかけ（＝mi amor）ととっているが，espero の直接目的語ととる版もある（この場合 amores 前後のコンマはない）．
6. **hacer gloria mi pena:** mi pena が hacer の直接目的語，gloria は直接目的語の補語．「私の苦しみを喜びに変える」．
7. **para buena:** para ser buena ということ．
8. **deste:** 前置詞 de と指示形容詞 este の縮約形．現代スペイン語では使われない．
9. **haráte cuerda la C:** 主語は la C で，現代スペイン語でわかりやすく書き直せば la C te hará cuerda だが，ここでは te hará が haráte となっている．目的語人称代名詞が動詞の活用形の直後につくのは，古いスペイン語では珍しくない．
10. **grave:** 思慮深い．
11. **queda mi casa ilustrada:** 私の家が名高いものになる．
12. **cual lo muestra quien de sus vicios se duele:** cual は como と同じで，「〜のように」．quien は独立用法で，「〜する人」．sus は直前の quien ではなく，quien が表す人の子供たち（hijos）を受ける．つまり，「自分の子供たちの悪徳に心を痛める人がそうである（子供たちの先生役である）ことを示すように」という意味になる．
13. **solicitudes:** 他の男からの求愛．
14. **pocas:** pocas mujeres ということ．
15. **tal razón, que destierre toda locura excesiva:** destierre は desterrar の接続法現在三人称単数で，tal razón を先行詞に持つ関係代名詞 que が主語となっている．
16. **solícita te ha de hacer de mi regalo la S:** わかりやすい語順にすれば La S te ha de hacer solícita de mi regalo．te（カシルダ）が hacer の直接目的語で，solícita 以下は補語としてその状態（「私（ペリバニェス）の喜びに気を配る」）を示す．regalo は「喜び，楽しみ」という意味．
17. **tal que no pudiese hallarse mejor mujer:** あなたよりすぐれた妻が見つからないほどに．
18. **verdadera:** 嘘をつかない．
19. **la X buena cristiana:** x はギリシア語で「キリスト」という言葉の最初の文字になる．古いスペイン語では，キリスト（Cristo）を Xpo，キリスト教徒（cristiano）を xpriano と書くこともあった．
20. **zelosa:** celosa の古い綴り．
21. **que es cosa que nuestra paz amorosa puede, Casilda, quitarte:** 最初の que は ser zelosa を受け，es の主語として機能する関係代名詞．二番目の que は cosa を受け，quitar の主語として機能する関係代名詞．quitarte の te は間接目的語だが，ここでは「〜から」を示す．quitar の直接目的語は nuestra paz amorosa．
22. **canto llano:**「グレゴリオ聖歌」という意味で使われることもあるが，このテクストでは「平易な歌」という意味．
23. **aquesta:** これは文章語で，esta と同じ意味．
24. **noble:**「評判の高い」．直後に villano「平民」とあることからわかるように，

139

6. Aventura por la literatura

PERIBÁÑEZ   Antes[27], yo me huelgo[28]. Di;
            que quiero aprender de ti.
CASILDA   Pues escucha, y ten paciencia.
              La primera letra es A, [65]
            que altanero no has de ser[29];
            por la B no me has de hacer
            burla para siempre ya[30].
              La C te hará compañero
            en mis trabajos[31]; la D [70]
            dadivoso, por la fe
            con que regalarte espero[32].
              La F[33] de fácil trato[34],
            la G galán para mí,
            la H honesto, y la I [75]
            sin pensamiento de ingrato[35].
              Por la L liberal[36],
            y por la M el mejor
            marido que tuvo amor,
            porque es el mayor caudal[37]. [80]
              Por la N no serás
            necio, que es fuerte castigo;
            por la O solo conmigo
            todas las horas[38] tendrás.
              Por la P me has de hacer obras[39] [85]
            de padre; porque quererme
            por la Q, será ponerme
            en la obligación que cobras[40].
              Por la R regalarme,
            y por la S servirme[41], [90]
            por la T tenerte firme,
            por la V verdad tratarme[42];
              por la X con abiertos
            brazos imitarla ansí[43]. (*Abrázale*[44].)
            Y como estamos aquí, [95]
            estemos[45] después de muertos.
PERIBÁÑEZ   Yo me ofrezco, prenda mía,
            a saber[46] este abecé.

Texto 5　Peribáñez y el Comendador de Ocaña

ここでは貴族性が問題になっているのではなく，妻カシルダの美徳によって獲得される，夫ペリバニェスの社会的評価のことが問題になっている．

25. **por:** ここでは para と同じで，不定詞を従えて目的「〜するために」を示す．
26. **licencia:** ずうずうしさ．
27. **antes:** むしろ，それどころか．
28. **me huelgo:** huelgo は holgar の直説法現在1人称単数形．holgarse で「嬉しい，喜ぶ」．
29. **altanero no has de ser:**「あなたは高慢であってはいけません」．ここでは haber de が否定され，禁止の意味を帯びている．次の no me has de hacer burla も同じ．
30. **no me has de hacer burla para siempre ya:** para siempre は「永久に」．ya は強調．「もう永久に，あなたが私を欺くようなことがあってはいけません」．
31. **trabajos:**「仕事」ではなく「苦難」．
32. **dadivoso, por la fe con que regalarte espero:** fe は「(貞潔の)誓い」．regalar は「喜ばせる，尽くす」．「私がそれによってあなたに尽くそうと思っているところの誓いゆえ，あなたは私に対し気前よく振舞う」．
33. カシルダのアルファベットには E と Z も欠けており，ペリバニェスのアルファベットよりも文字数が少ない．
34. **de fácil trato:** 接しやすい．
35. **pensamiento de ingrato:** 恩知らずの考え．
36. **liberal:** 鷹揚な．
37. **caudal:** 財産．
38. **horas:** h ではなく o でアルファベットの順序に合わせている．
39. **obras:** 行為，行い．
40. **quererme ... será ponerme en la obligación que cobras:** obligación は「恩義」．「あなたが私を愛することで，私はあなたに恩義を感じるでしょうし，あなたはその恩義のお返しを得ます」ということ．
41. **servirme:** 私の機嫌をとる．
42. **verdad tratarme:** tratar verdad は「何事においても嘘をつかない」という意味の熟語．それに間接目的語 me が伴っている．
43. **ansí:** así の古い形．
44. *Abrázale:* これはト書きだが，現代スペイン語では Le abraza となる．注9を参照．
45. **estemos:** estar の接続法現在一人称複数．ここでは呼びかけの意味．
46. **saber:** 熟知する．
47. **no sé si me atreva ... a pedirte un gran favor:** me atreva は再帰動詞 atreverse の接続法現在一人称単数．「あなたに思い切って一つ大きなお願いごとをしていいものかどうかわからない」．
48. **Mi amor se agravia de ti.:** 夫に頼みごとをするのを躊躇するカシルダをやんわりと咎めている．

141

6. Aventura por la literatura

	¿Quieres más?	
CASILDA	Mi bien, no sé	[100]
	si me atreva el primer día	
	a pedirte un gran favor[47].	
PERIBÁÑEZ	Mi amor se agravia de ti[48].	
CASILDA	¿Cierto?	
PERIBÁÑEZ	Sí.	[105]
CASILDA	Pues oye.	
PERIBÁÑEZ	Di	
	cuantas[49] se obliga mi amor.	
CASILDA	El día de la Asunción[50]	
	se acerca; tengo deseo	[110]
	de ir a Toledo, y creo	
	que no es gusto[51], es devoción	
	de ver la imagen también	
	del Sagrario[52], que aquel día	
	sale en procesión.	[115]
PERIBÁÑEZ	La mía[53]	
	es tu voluntad, mi bien.	
	Tratemos de la partida.	
CASILDA	Ya por la G me pareces	
	galán. Tus manos mil veces	[120]
	beso.	
PERIBÁÑEZ	A tus primas convida,	
	y vaya un famoso[54] carro[55].	
CASILDA	¿Tanto me quieres honrar?	
PERIBÁÑEZ	Allá te pienso comprar...	[125]
CASILDA	Dilo.	
PERIBÁÑEZ	Un vestido bizarro[56].	

Lope de Vega Carpio, Donald McGrady (editor), *Peribáñez y el Comendador de Ocaña*, Barcelona: Crítica, 1997, pp. 28–33 (vv. 394–511). [担当：三倉康博]

Texto 5　Peribáñez y el Comendador de Ocaña

49. **cuantas:** cuantas cosas ということ．
50. **el día de la Asunción:** 聖母被昇天の祝日（8月15日）．
51. **gusto:** 楽しみ．
52. **la imagen . . . del Sagrario:** トレードの守護聖人であるサグラリオの聖母の像のこと．聖母被昇天の祝日に，この聖母像を捧持した行列（procesión）がトレードの町を練り歩く．
53. **la mía es tu voluntad:** la mía は voluntad を受ける所有代名詞．tu voluntad es la mía ということ．
54. **famoso:** 評判になるような．
55. **carro:**（二輪の）荷馬車．
56. **bizarro:** おしゃれな，きらびやかな．

17世紀中葉のマドリードの劇場風景の再現図．フアン・コンバ・イ・ガルシア（Juan Comba y García）画，1888年．

マドリードに現存するロペ・デ・ベガの書斎．右上に見えるのはロペの肖像画．

Texto 6 ★★★ [CD2 n° 6]
La muñeca menor

♣

Rosario Ferré

La tía vieja había sacado desde muy temprano el sillón al [1] balcón que daba al cañaveral[1] como hacía siempre que[2] se despertaba con ganas de hacer una muñeca. De joven se bañaba a menudo en el río, pero un día en que la lluvia había recrecido la corriente en cola de dragón[3] había sentido en el [5] tuétano[4] de los huesos una mullida sensación de nieve. La cabeza metida en el reverbero[5] negro de las rocas, había creído escuchar, revolcados con[6] el sonido del agua, los estallidos del salitre[7] sobre la playa y pensó que sus cabellos habían llegado por fin a desembocar[8] en el mar. En ese preciso momen- [10] to sintió una mordida terrible en la pantorrilla[9]. La sacaron del agua gritando y se la llevaron a la casa en parihuelas[10] retorciéndose de dolor.

El médico que la examinó aseguró que no era nada, probablemente había sido mordida por una chágara[11] viciosa. Sin [15] embargo pasaron los días y la llaga no cerraba. Al cabo de un mes el médico había llegado a la conclusión de que la chágara se había introducido dentro de la carne blanda de la pantorrilla, donde había evidentemente comenzado a engordar. Indicó que le aplicaran un sinapismo[12] para que el calor la obliga- [20] ra a salir. La tía estuvo una semana con la pierna rígida, cubierta de mostaza desde el tobillo hasta el muslo, pero al finalizar el tratamiento se descubrió que la llaga se había abultado aún más, recubriéndose de una substancia pétrea y li-

Texto 6　La muñeca menor

[解説]
　作者ロサリオ・フェレ (1938年-) は，カリブ海に浮かぶ島プエルト・リコに生まれました．この島は長い間スペインの植民地でしたが，1898年米西戦争終結以降，米国の支配下に置かれることになりました．英語が公用語となるなど，米国化を余儀なくされましたが，1949年スペイン語教育が復活，1952年に制定されたプエルト・リコ憲法によって島はアメリカ合衆国自由連合州となり，現在に至ります．主権は米国にあり，国家元首は米国大統領，自治政府による内政は認められているものの，外交・軍事は米国が行うという体制下にあります．米国の51番目の州への昇格を望む人々がいる一方で，米国からの分離独立の主張も根強くあります．現在公用語はスペイン語と英語ですが，日常生活ではおもにスペイン語が使われています．ロサリオ・フェレ自身は執筆活動をスペイン語と英語で行っています．
　彼女の代表作とみなされているのは *Maldito amor*『呪われた愛』(1986年，邦訳が現代企画室より刊行) です．最初スペイン語で書き，のちに自ら英訳して *Sweet Diamond Dust* (1996年) として出版しました．最近の彼女の小説は，まず英語版が，それからスペイン語版が出版されています．
　ここに取り上げた La muñeca menor は短編集 *Papeles de Pandora*『パンドラの書』(1976年) に収められています．彼女が作家になろうと決意して，最初に書いた短編で，親戚のおばさんが語ってくれた実話にヒントを得て創作したということです．アメリカ資本進出によって，スペイン植民地時代の支配階級であった地主層が没落し，島の工業化が進み，新興ブルジョア階級がそれに取ってかわるというプエルト・リコ社会の歴史的変化がこの物語の背後にあることを読み取ってほしいと思います．またテキストに表れている男女の社会的な力関係についての強い問題意識にも，注意してください．
　日常生活に超現実的な出来事がはいり込む世界を描く手法は，ラテンアメリカ現代文学ではしばしば「魔術的リアリズム」と呼ばれます．最後のシーンをどう解釈するかは，読者に委ねられています．

[注]
1. **cañaveral:** サトウキビ畑．
2. **siempre que ... :** 〜するときはいつも．
3. **la lluvia había recrecido la corriente en cola de dragón:** 雨が龍の尻尾のような川を増水させた．
4. **tuétano:** 骨髄．
5. **reverbero:** 反射．
6. **revolcados con ... :**「〜と回転し混じり合って」．los estallidos を修飾している．
7. **salitre:**「硝石」．火薬に使われる．
8. **desembocar:** 流れ込む，合流する．
9. **pantorrilla:** ふくらはぎ．
10. **parihuelas:** 担架．
11. **chágara:** 川エビの一種．

145

mosa¹³ que era imposible tratar de remover¹⁴ sin que peligrara [25] toda la pierna. Entonces se resignó a vivir para siempre con la chágara enroscada¹⁵ dentro de la gruta¹⁶ de su pantorrilla.

Había sido muy hermosa, pero la chágara que escondía bajo los largos pliegues de gasa de sus faldas la había despojado de toda vanidad. Se había encerrado en la casa rehusan- [30] do a todos sus pretendientes. Al principio se había dedicado a la crianza de las hijas de su hermana, arrastrando por toda la casa la pierna monstruosa con bastante agilidad. Por aquella época la familia vivía rodeada de un pasado que dejaba desintegrar a su alrededor¹⁷ con la misma impasible musicali- [35] dad con que¹⁸ la lámpara de cristal¹⁹ del comedor se desgranaba a pedazos sobre el mantel raído de la mesa. Las niñas adoraban a la tía. Ella las peinaba, las bañaba y les daba de comer. Cuando les leía cuentos se sentaban a su alrededor y levantaban con disimulo el volante²⁰ almidonado de su falda [40] para oler el perfume de guanábana²¹ madura que supuraba²² la pierna en estado de quietud.

Cuando las niñas fueron creciendo la tía se dedicó a hacerles muñecas para jugar. Al principio eran sólo muñecas comunes, con carne de guata de higüera²³ y ojos de botones per- [45] didos. Pero con el pasar del tiempo²⁴ fue refinando su arte hasta ganarse el respeto y la reverencia de toda la familia. El nacimiento de una muñeca era siempre motivo de regocijo sagrado, lo cual explicaba el que jamás se les hubiese ocurrido²⁵ vender una de ellas, ni siquiera cuando las niñas eran ya [50] grandes y la familia comenzaba a pasar necesidad²⁶. La tía había ido agrandando el tamaño de las muñecas de manera que²⁷ correspondieran a la estatura y a las medidas de cada una de las niñas. Como eran nueve y la tía hacía una muñeca de cada niña por año, hubo que separar una pieza de la casa [55] para que la habitasen exclusivamente las muñecas. Cuando la mayor cumplió diez y ocho años había ciento veintiséis muñecas de todas las edades en la habitación. Al abrir la puerta, daba la sensación de entrar en un palomar, o en el cuarto de muñecas del palacio de las tzarinas²⁸, o en un almacén donde [60] alguien había puesto a madurar una larga hilera de hojas de

Texto 6　La muñeca menor

12. **sinapismo:** からし軟膏．
13. **una substancia pétrea y limosa:** 固い泥のようなもの．
14. **remover:** 取り除く．
15. **chágara enroscada:** 体を丸めたエビ．
16. **gruta:** 洞窟（比喩的な表現）．
17. **un pasado que dejaba desintegrar a su alrededor:**「一族が自分たちのまわりでなすすべもなく崩壊させていた過去（の遺産）」．富裕な農園主層が，米国資本の進出で没落していった様子をさす．
18. **con la misma impasible musicalidad con que ... :** 〜と同じように無感動な音楽性を帯びて（過去が崩れ去っていく様子をいう）．
19. **lámpara de cristal:** シャンデリア．
20. **volante:**（スカートの）裾のフリル．
21. **guanábana:** グアナバナ（果物）．果皮は緑色でとげがあり，果肉は白色で柔らかい．ジュースにすることが多い．甘い香りがする．
22. **supuraba < supurar:**（傷のある足が膿のように）出す．
23. **guata de higüera:** higüera = güira．ヒョウタンノキ（植物）．その実からとった綿．
24. **con el pasar del tiempo:** 時が経つにつれ．
25. **el que jamás se les hubiese ocurrido ... :** el que は「〜という事実，こと」を

カリブ海の地図

tabaco. Sin embargo, la tía no entraba en la habitación por ninguno de estos placeres, sino que echaba el pestillo a la puerta e iba levantando amorosamente cada una de las muñecas canturreándoles mientras las mecía[29]: Así eras cuando tenías un año, así cuando tenías dos, así cuando tenías tres, reviviendo la vida de cada una de ellas por la dimensión del hueco que le dejaban entre los brazos. [65]

[...]

Las niñas empezaron a casarse y a abandonar la casa. El día de la boda la tía les regalaba a cada una la última muñeca dándoles un beso en la frente y diciéndoles con una sonrisa: "Aquí tienes tu Pascua de Resurrección[30]." A los novios los tranquilizaba asegurándoles que la muñeca era sólo una decoración sentimental que solía colocarse sentada, en las casas de antes[31], sobre la cola del piano[32]. Desde lo alto del balcón la tía observaba a las niñas bajar por última vez las escaleras de la casa sosteniendo en una mano la modesta maleta a cuadros[33] de cartón y pasando el otro brazo alrededor de la cintura de aquella exhuberante[34] muñeca hecha a su imagen y semejanza[35], calzada con zapatillas de ante[36], faldas de bordados nevados y pantaletas de valenciennes[37]. Las manos y la cara de estas muñecas, sin embargo, se notaban menos transparentes, tenían la consistencia de la leche cortada[38]. Esta diferencia encubría otra más sutil: la muñeca de boda no estaba jamás rellena de guata, sino de miel[39]. [70] [75] [80] [85]

Ya se habían casado todas las niñas y en la casa quedaba sólo la más joven cuando el doctor hizo a la tía la visita mensual acompañado de su hijo que acababa de regresar de sus estudios de medicina en el norte[40]. El joven levantó el volante de la falda almidonada y se quedó mirando aquella inmensa vejiga abotagada[41] que manaba una esperma perfumada por la punta de sus escamas verdes. Sacó su estetoscopio[42] y la auscultó, cuidadosamente. La tía pensó que auscultaba la respiración de la chágara para verificar si todavía estaba viva, y cogiéndole la mano con cariño se la puso sobre un lugar determinado para que palpara[43] el movimiento constante de las antenas. El joven dejó caer la falda y miró fijamente al padre. [90] [95]

Texto 6　La muñeca menor

　　表す．この el que のあとの従属節では，事実を述べる場合でも接続法を用いることが多い．hubiese ocurrido は接続法過去完了．ocurrirse a は「～は思いつく，考えつく」．「彼らが～を決して考えつかなかったという事実」．
26. **pasar necesidad:** 経済状態が悪化する，困窮化する．
27. **de manera que ...:** (接続法とともに) ～するように．
28. **tzarinas:** (ロシアの) 皇后．
29. **mecía** ＜ mecer: (だっこして) 揺する．
30. **Pascua de Resurrección:** 復活祭．
31. **de antes:** 以前の，かつての (サトウキビ農園経営者層が没落する前ということ)．
32. **cola del piano:** グランドピアノの蓋の部分．
33. **a cuadros:** 格子模様の．
34. **exhuberante:** ＝ exuberante．生気にあふれる．
35. **a su imagen y semejanza:** 彼女に似せて．
36. **zapatillas de ante:** スエードの室内履き．
37. **valenciennes:** ヴァランシエンヌレース (高級レースの一種)．
38. **consistencia de la leche cortada:** スキンミルクの質感．
39. **miel:** 糖蜜．
40. **el norte:** アメリカ合衆国をさす．
41. **vejiga abotagada:** 膨れあがった水ぶくれ．

サトウキビ畑の収穫 (プエルト・リコ)

6. Aventura por la literatura

Usted hubiese podido haber curado esto en sus comienzos, le dijo. Es cierto, contestó el padre, pero yo sólo quería que vinieras a ver la chágara que te había pagado los estudios durante veinte años.

En adelante fue el joven médico quien visitó mensualmente a la tía vieja. Era evidente su interés por la menor y la tía pudo comenzar su última muñeca con amplia anticipación[44].

[...]

El día de la boda la menor se sorprendió al coger la muñeca por la cintura y encontrarla tibia, pero lo olvidó en seguida, asombrada ante su excelencia artística. Las manos y la cara estaban confeccionadas con delicadísima porcelana de Mikado[45]. Reconoció en la sonrisa entreabierta[46] y un poco triste la colección completa de sus dientes de leche[47]. Había, además, otro detalle particular: la tía había incrustado en el fondo de las pupilas de los ojos sus dormilonas de brillantes[48].

El joven médico se la llevó a vivir al pueblo, a una casa encuadrada dentro de un bloque de cemento[49]. La obligaba todos los días a sentarse en el balcón, para que los que pasaban por la calle supiesen que él se había casado en sociedad[50]. Inmóvil dentro de su cubo de calor[51], la menor comenzó a sospechar que su marido no sólo tenía el perfil de silueta de papel sino también el alma. Confirmó sus sospechas al poco tiempo[52]. Un día él le sacó los ojos a la muñeca con la punta del bisturí y los empeñó por un lujoso reloj de cebolla[53] con una larga leontina. Desde entonces la muñeca siguió sentada sobre la cola del piano, pero con los ojos bajos[54].

A los pocos meses el joven médico notó la ausencia de la muñeca y le preguntó a la menor qué había hecho con ella. Una cofradía[55] de señoras piadosas le[56] había ofrecido una buena suma por la cara y las manos de porcelana para hacerle un retablo[57] a la Verónica[58] en la próxima procesión de Cuaresma. La menor le contestó que las hormigas habían descubierto por fin que la muñeca estaba rellena de miel y en una sola noche se la habían devorado. "Como las manos y la cara eran de porcelana de Mikado, dijo, seguramente las hormigas las creyeron hechas de azúcar, y en este preciso momento de-

Texto 6　La muñeca menor

42. **estetoscopio:** 聴診器．
43. **palpara** ＜ palpar: 触れてみる，感じ取る．
44. **con amplia anticipación:** かなり早くから．
45. **porcelana de Mikado:** 帝の磁器（日本製の磁器をさす）．
46. **sonrisa entreabierta:** 控えめな微笑み．
47. **dientes de leche:** 乳歯．
48. **dormilonas de brillantes:** ダイヤモンドのイヤリング．
49. **encuadrada dentro de un bloque de cemento:** セメントの塊の中にはめこまれた（ような）．
50. **se había casado en sociedad:** 社交界に認められる結婚をした．
51. **cubo de calor:** 暑い箱（バルコニーのこと）．
52. **al poco tiempo:** まもなく．
53. **reloj de cebolla:** 懐中時計．
54. **con los ojos bajos:** 目を伏せて．
55. **cofradía:** 宗教慈善団体．
56. **le:** ＝ al médico.
57. **retablo:** 四旬節の行列の山車の上に載せる人形群．
58. **Verónica:** 聖女ベロニカ（ゴルゴダの丘に引かれるキリストの顔を聖女ベロニカがぬぐうとキリストの顔の像がその布に残ったという伝説がある）．
59. **royendo** ＜ roer: かじる．

サトウキビの花

6. Aventura por la literatura

ben de estar quebrándose los dientes, royendo[59] con furia dedos y párpados en alguna cueva subterránea." Esa noche el médico cavó toda la tierra alrededor de la casa sin encontrar nada.

Pasaron los años y el médico se hizo millonario. Se había [140] quedado con[60] toda la clientela del pueblo, a quienes no les importaba pagar honorarios exorbitantes para poder ver de cerca a un miembro legítimo de la extinta aristocracia cañera[61]. La menor seguía sentada en el balcón, inmóvil dentro de sus gasas y encajes, siempre con los ojos bajos. Cuando los [145] pacientes de su marido, colgados de[62] collares, plumachos[63] y bastones, se acomodaban cerca de ella removiendo los rollos de sus carnes[64] satisfechas con un alboroto de monedas[65], percibían a su alrededor un perfume particular que les hacía recordar involuntariamente la lenta supuración[66] de una guaná- [150] bana. Entonces les entraban a todos unas ganas irresistibles de restregarse las manos como si fueran patas[67].

Una sola cosa perturbaba la felicidad del médico. Notaba que mientras él se iba poniendo viejo, la menor guardaba la misma piel aporcelanada[68] y dura que tenía cuando la iba a [155] visitar a la casa del cañaveral. Una noche decidió entrar en su habitación para observarla durmiendo. Notó que su pecho no se movía. Colocó delicadamente[69] el estetoscopio sobre su corazón y oyó un lejano rumor de agua. Entonces la muñeca levantó los párpados y por las cuencas vacías de los ojos co- [160] menzaron a salir las antenas furibundas de las chágaras.

Rosario Ferré, *Papeles de Pandora*, México: Joaquín Mortiz, 1976, pp. 9–15. [担当：斎藤文子]

Texto 6　La muñeca menor

60. **se había quedado con ...**: 〜を自分のものにした．
61. **un miembro legítimo de la extinta aristocracia cañera**:「今や消滅したサトウキビ貴族の正統な一員」．プエルト・リコがアメリカ合衆国の支配下に入る前，サトウキビ農園主はスペイン人の血統を引きつぐ貴族階級であることを誇っていた．
62. **colgados de ...** ＜ colgar de ...:「〜からぶら下がる」．自動詞の過去分詞は能動的な意味をもつ．「〜からぶら下がって」．人が装身具や羽根飾り，杖からぶら下がっているという表現によって，患者たちの悪趣味な成金趣味を戯画化している．
63. **plumachos**: pluma に -acho という接尾辞がついたもの．-acho は軽蔑などのネガティブな意味を付加する．ここでは「下品な羽根飾り」の意味．
64. **rollos de sus carnes**: 贅肉．
65. **un alboroto de monedas**: お金がじゃらじゃら鳴ること．
66. **supuración**: 化膿，化膿すること．
67. **restregarse las manos como si fueran patas**: 手をまるで（動物の）足のようにこすり合わせる．
68. **aporcelanada**: 磁器のような．
69. **delicadamente**: そっと．

7

❖

Encrucijada de culturas

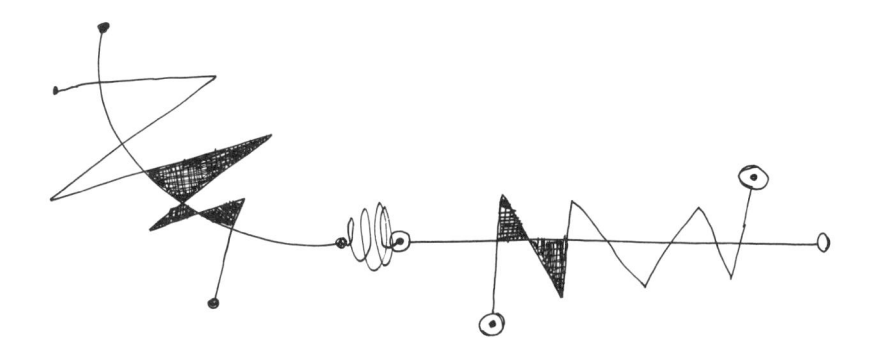

Texto 1 ★ [CD2 n° 7]
Salsa y videojuegos

♣

Ulises Granados

Mucha gente en Latinoamérica suele pensar en el Este de [1] Asia como una región de países con altos índices de crecimiento económico, tecnología punta[1] y cuna de ancestrales culturas como Japón y China, por lo que siente una mezcla de fascinación exótica, curiosidad etnográfica e interés económi- [5] co. Por otro lado, cuando oyen sobre Latinoamérica, jóvenes y adultos esteasiáticos suelen preguntar tanto por las culturas milenarias maya, azteca e inca, como[2] por el crisol de razas y tradiciones populares[3] "al sur de Estados Unidos", aunque muchos ignoran el pasado colonial que ha dejado en la región [10] desde costumbres europeizadas y mestizas hasta el propio idioma español y el portugués (así como el inglés, francés y holandés). En realidad, las dos regiones han llegado a[4] conocerse mutuamente a través de imágenes moldeadas por los medios masivos de comunicación y los estereotipos. [15]

Tan lejanas como parecieran[5], las dos regiones en realidad tienen historias compartidas en muchos aspectos. Con el inicio de la era colonial y la navegación oceánica, desde el siglo XVI se desarrollaron regulares intercambios de bienes, monedas y productos culturales (costumbres, gastronomía, etc.) [20] entre Europa, América Latina (principalmente México y Perú) y el este de Asia (en particular China y Japón).

A inicios de la era Meiji en Japón y finales de la dinastía Qing[6] en China, los contactos entre pueblos se consolidaron

Texto 1　Salsa y videojuegos

[解説]

　人間，商品，資源がグローバルな規模で移動する情報通信技術時代の今日，日本を含む東アジアと，太平洋を隔てたラテンアメリカは，いまだに偏見や固定観念によりお互いをイメージしています．

　東アジアとラテンアメリカの両地域の間には豊かな歴史があります．16世紀にすでに定期的な交易が行われていましたし，19世紀半ばには中国からキューバに移民が始まりました．1888（明治21）年に締結された日墨（日本・メキシコ）修好通商条約は，日本にとって最初の平等条約でした．ペルーに渡った日本人移民は100年以上の歴史をもち，ペルー日系移民の日本への「出稼ぎ」は近年ますます増加しています．しかし両地域はいつでも友好関係にあったわけではありません．外国人を恐れ憎む感情が引き金になって，いろいろな事件が起きているのも事実です．

　それぞれの地域・国の社会的現実，歴史などに関する無知を助長するように，マスメディアは両地域のステレオタイプ的なイメージを再生産します．一方で「テキーラ」，「サルサ」，「サンバ」，「麻薬組織」など，他方で「ソニー」，「メイド・イン・チャイナの玩具」，「万里の長城」，「キムチ」，「寿司」といった言葉が一人歩きしています．お互いのことをよく知ったうえで，寛容の気持ちを持つことが必要です．異文化コミュニケーションがめざすところは，それぞれの地域の相違点を認めながらも，共通の利害関係，共有できる関心事を見つけて，地理的・文化的に離れた社会を接近させることなのです．

[注]

1. **tecnología punta:** 先端技術．
2. **tanto ... como ... :** 〜と同様に〜も．
3. **crisol de razas y tradiciones populares:** 人種のるつぼや民間伝承．
4. **han llegado a ...** ＜ haber llegado a ... : 〜することになる，〜するに至る．
5. **tan lejanas como parecieran:** どんなに遠くにあるように思われても．parecieran は parecer の接続法過去3人称複数形．
6. **dinastía Qing:** 清朝．
7. **con el objeto de ... :** 〜する目的で．
8. **nacionales emigrantes:** 移住した同胞．
9. **la comida "chifa" y el arroz "chaufa":** ペルーでは中華料理のことを comida "chifa" と呼ぶ．arroz "chaufa" は炒飯（チャーハン）のこと．
10. **los cementerios japoneses en Perú:** 20世紀初頭に作られた「サン・ニコラス」（リマ県バランカ郡スペ地区），「パラモンガ」（リマ県バランカ郡パラモンガ地区），「カサブランカ」と「サンビセンテ」（リマ県カニェテ郡）の墓地には，日本人ペルー移民一世が埋葬されている．日本語の墓碑がある墓では，毎年お盆，彼岸入りなどの行事を行い，祖先を祀っている．身元不明の日本人移民の墓もある．
11. **Barrio Chino de La Habana:** キューバに居住する中華人コミュニティ（約1000人）を代表するのはハバナ中華街（Barrio Chino）である．他の国の中華街と同

7. Encrucijada de culturas

con la apertura de embajadas y acuerdos consulares, parcialmente con el objeto de[7] proteger a sus nacionales emigrantes[8] (el primer tratado "igualitario" de Japón fue con México en 1888). Por diversas razones, ya desde la segunda mitad del siglo XIX iniciaba en Latinoamérica la emigración china (1847 en Cuba) y japonesa (1897 en México, 1899 en Perú y 1908 en Brasil). Gracias a estos nacientes intercambios sociales, países latinoamericanos conocen hoy diversos aspectos de culturas del este de Asia (como la comida "chifa" y el arroz "chaufa"[9], los cementerios japoneses en Perú[10] y el Barrio Chino de La Habana[11]).

Actualmente, las imágenes mutuas de ambas regiones están reforzadas por la omnipresencia[12] de los medios de comunicación que reproducen estereotipos que no reflejan la gran diversidad socio-cultural. Algunos videojuegos presentan sólo imágenes violentas o superficialmente inocentes de un Japón más complejo. Hollywood presenta usualmente países latinoamericanos infestados con problemas de drogas, pobreza, violencia e inestabilidad política. Muchas personas en la Península Coreana desconocen que en Latinoamérica florecen muchísimos más géneros musicales que la salsa y el son cubanos, el mariachi mexicano o la cumbia colombiana.

En una era global de telecomunicaciones instantáneas donde estos y otros estereotipos parecen perennes, ¿cómo acercar las culturas de las dos regiones a quienes están interesados en viajar, en fomentar la comprensión mutua de sus gobiernos, en impulsar intercambios económicos e inversión, y buscar apoyo mutuo en foros internacionales? Primero será menester que[13] se identifiquen coincidencias y consensos. Por ejemplo, los principios antinucleares de Japón (y un escenario ideal para la Península Coreana) son compartidos por toda Latinoamérica (en 1968 fue firmado el Tratado de Tlatelolco[14] para crear una zona libre de armas nucleares en América Latina y el Caribe). Los consumidores de las dos regiones cada vez están menos dispuestos a comprar productos baratos a costa de la calidad o la seguridad de sus familias (por muy atractivos que parezcan[15]). Otros ejemplos incluyen la preocupación co-

様，レストラン，食料品店，薬草店などが集まっている．キューバ共産党の黙認のもと，新聞『Kwong Wah Po（光華報）』("Diario Popular Chino")が発行されている．

12. **omnipresencia:** 遍在．
13. **será menester que ...** ＜ ser menester que ...：「〜が必要であろう」．ser の未来形 será は現在の推量を表す．
14. **Tratado de Tlatelolco:** 正式名称は「ラテンアメリカおよびカリブ海地域における核兵器の禁止に関する条約」．条約の署名が行われた地名（メキシコ・シティーの中にある）にちなみ「トラテロルコ条約」と呼ばれる．1962 年 10 月のキューバ危機を契機に，核兵器を使用する紛争に巻き込まれることを懸念したメキシコなどのイニシアティブにより交渉が開始され，1967 年 2 月にラテンアメリカ 14 カ国が調印した．締約国領域内における核兵器の実験・使用・製造・生産・取得・貯蔵・配備等の禁止を主な内容とする．2002 年にキューバが批准し，これをもって対象国 33 か国すべての調印・批准が完了した．
15. **por muy atractivos que parezcan:**「大変魅力的に見えても」．parezcan は parecer の接続法現在 3 人称複数形．
16. **basta señalar ...:** 〜を示すだけで十分である．

かつて中華銀行だった建物（Torreón Coahuila, México）

7. Encrucijada de culturas

mún por el deterioro ambiental, el respeto a los derechos humanos y la salud.

Sin embargo, hay que reconocer que son precisamente las diferencias entre las dos regiones las que impulsan la necesidad de conocerse mutuamente. Basta señalar[16] unos pocos ejemplos. A los estudiantes del este de Asia les encanta el espíritu jocoso y relajado del latinoamericano. La belleza natural y el bajo costo de muchos sitios de vacaciones en Latinoamérica son destinos "naturales" del turista chino y japonés. Por otra parte, los inversionistas latinoamericanos valoran especialmente la visión a largo plazo y la paciencia de sus socios asiáticos al emprender negocios. Las diferencias no deben representar barreras, sino puntos de enlace en la comunicación intercultural.

Si las sociedades de las dos regiones pretenden acercarse desde tan lejana distancia en un mundo tan interconectado, es insoslayable fomentar la comunicación intercultural por medio de la tolerancia y la búsqueda de beneficios comunes.

書き下ろし．[担当：ウリセス・グラナドス]

Texto 1　Salsa y videojuegos

スペイン征服者から見たアステカ先住民（Museo Cuauhnahuac, México）

中国で使われたメキシコ銀貨，1898 年

Texto 2 ★ [CD2 n° 8]
Lengua y béisbol en la República Dominicana

♣

Orlando Alba

Dentro del conjunto de las unidades léxicas que se conside- [1]
ran anglicismos[1], existe una amplia diversidad. Muchas son
palabras íntegramente importadas[2], en la forma y en el fondo[3], como *hit, bleacher, pitcher, strike*; otras son calcos[4] motivados por el parecido en lo fonético y en lo semántico[5], como [5]
base (de '*base*'), *doble* (de '*double*'), *triple* (de '*triple*'); otras consisten en traducciones[6], más o menos[7] exactas, del tipo *carrera*
(de '*run*'), *jardinero central* o *centrocampista* (de '*center fielder*').

En el primer caso puede observarse que proviene del inglés
el signo completo, con su forma y su contenido[8]. Por ejemplo, [10]
en la palabra *strike*, es fácil percibir la estructura fonética inglesa[9], pronunciada de diversas maneras, con un mayor o
menor grado[10] de adaptación de su significante[11] al español:
[estráik], [estrái], [ehtrái], [etrái]. Pero también resulta claro
que tiene origen inglés su sentido de 'lanzamiento bueno, de [15]
acuerdo con las reglas del juego, que el pitcher hace al bateador sin que este logre conectarlo'. En español, este significado[12] no corresponde a ninguna forma fonética propia, porque
el juego de pelota tiene origen extranjero y es relativamente
reciente. Cuando el deporte no se conocía, el concepto beisbo- [20]
lístico de '*strike*', obviamente, no se encontraba presente en
la mente de los hablantes[13]. Una situación distinta, en cambio[14], representa un término como *esprín* (de '*spring*'), cuyo
sentido está contenido en español en las formas *resorte* y *mue-*

Texto 2　Lengua y béisbol en la República Dominicana

［解説］
　中南米のスポーツといえばサッカーが有名ですが，ほかにも国民の支持を集める分野があることはいうまでもありません．野球はそのひとつです．たとえば，国際大会で常に上位に食い込むキューバでは，スペイン植民地時代の 1865 年前後にアメリカ合衆国から野球が伝わり，1905 年に初のアマチュア野球選手権が開かれ，1914 年にはリーグが形成されました．ベネズエラ，プエルト・リコ，コロンビア，パナマなどでも 20 世紀初頭には野球が愉しまれていました．ただし，野球はあくまでアメリカ合衆国で現行の形を整えたため，各国で使われるルールや用語は主として外来の英語から派生しています．
　ここで取り上げる文章は，ドミニカ共和国の言語学者による現地の野球用語に関する解説からの抜粋です．カリブ海地域にはスペイン語圏と英語圏にドミニカという国が並存しますが，前者はキューバの隣島に位置し，日本のプロ野球にも選手を在籍させます．野球は 1891 年頃にキューバから持ち込まれ，低予算の余興として定着しました．都市別の対抗意識も人気を加速させました．駐留米軍や独裁政権の後援を経て，今日では米国メジャーリーグの養成所や広島東洋カープの野球アカデミーが置かれています．引用箇所は，未知の文化が移植される場合，従来の言語体系がそれをどう受容するかについて分析しています．大別すれば，輸入（語彙そのものの借用），写し（意味だけの借用），翻訳（意味の言い換え）に分かれるでしょう．さらにスペイン語の縮小辞などが付加される例もあり，土地柄を色濃く反映します．
　それらは野球導入の歴史が在来言語の歴史よりも短いために生じることであり，野球の土着度と関連します．著者は英語的語法という言葉で上記をまとめますが，同種の現象は英語に限らず，野球以外でも起こりえます．倒置の長文が多く，言語学の専門用語も散見されますが，ぜひ精読してみてください．
　野球の歴史をさらにさかのぼれば，イギリスのクリケットにたどりつくとされます．英語圏中心ではありますが，中南米には旧英国領のようにクリケットが嗜好される地域もあります．サッカーとは別のスポーツに少し視野を広げるだけで，新しく見えてくる熱狂の世界もあるのではないでしょうか．

［注］
1. **anglicismos:**「英語的語法」．英語の影響を受けたスペイン語の用法．
2. **palabras íntegramente importadas:**「丸ごと（そっくりそのまま，全面的に）輸入された単語群」は，他の箇所にある el signo completo「完全な記号」とほぼ同義にみなされる．「記号」とは音や文字などの表現手段 (significante) と概念やイメージなどの表現内容 (significado) が統合されたものといえる．
3. **en la forma y en el fondo:** 形態の点と内容の点において．形態とは音声や綴り．
4. **calcos:**「写し，透写，複写，模倣」は，本論説でキーワードのひとつをなす．既存の音声や綴りを活かしつつ，新規の概念やイメージを導入すること．
5. **el parecido en lo fonético y en lo semántico:**「音声の点および意味の点で類似したもの」．論旨にしたがえば，音声は似ていても意味が違うという語彙もここに含まれる．

163

7. Encrucijada de culturas

lle[15].

Si una lengua recibe de otra el signo completo, del tipo *strike*, la palabra en cuestión[16] se considera un *préstamo léxico*[17]. En el vocabulario del béisbol dominicano, pertenecen a esta categoría palabras como las siguientes, citadas en orden descendente[18] según su índice de disponibilidad[19]:

> *bate, home run, pitcher, out, catcher, hit, foul, safe, umpire, home, center field, left field, right field, coach, short stop, inning, dugout, bleacher, fly, dead ball, rolling, bullpen, slider, swing, wild pitch, play off, back stop*

El fenómeno del anglicismo se manifiesta de manera distinta[20] cuando lo que se transmite es solo un nuevo significado, que se envuelve[21] en una estructura fonética ya existente en español. Así sucede, por ejemplo, en casos como *base* y *carrera*. Ambas palabras existen desde hace siglos[22] en español con sus correspondientes significados, pero antes de que el deporte hiciera su aparición[23] en el mundo hispánico, ninguna de las dos tenía el sentido que tiene ahora en el ámbito del béisbol. De hecho[24], en varios países donde se habla español pero no se practica el juego de pelota[25], muchos hablantes desconocen que uno de los significados del término '*base*' es 'almohadilla, saco de lona o pieza de goma con que se marcan los cuatro puntos donde se intersectan las líneas que delimitan el diamante[26] en el terreno de juego'.

En estos casos, el proceso se considera un *calco*, es decir[27], una copia del significado de una palabra de la lengua fuente[28] que se introduce en otra de la lengua receptora[29]. Muchos lingüistas lo llaman un *préstamo semántico*[30] o un *traslado semántico*[31].

Como se puede observar en los ejemplos anteriores, unos calcos se realizan entre formas que son similares en ambas lenguas, fonética y ortográficamente, de modo que resulta bastante fácil hacer la fusión o la copia[32]. A este tipo corresponden *base* (de '*base*'), *bola* (de '*ball*'), *doble* (de '*double*'), *triple* (de '*triple*'), *plato* (de '*plate*'). Resulta evidente la relación o la

164

Texto 2　Lengua y béisbol en la República Dominicana

6. **traducciones:**「翻訳」とは，既存の別語を用いることで概念やイメージを再現することである．
7. **más o menos:**「およそ，だいたい，多かれ少なかれ」．会話などでも使用頻度の高い成句．
8. **con su forma y su contenido:**「その形態と内容に関して」．この contenido は fondo と同義．
9. **la estructura fonética inglesa:**「英語の音声構造」．スペイン語化によって発音上のバリエーションは生じても，もとが英語の構造にもとづくことは容易にわかるという文意．
10. **un mayor o menor grado:**「ある程度，大なり小なりの度合」．más o menos と使い方が似ている．
11. **significante:** 言語学でいうところの「シニフィアン，記号表現，能記」をさす．音声や文字はそれ自体が意味を帯びるものでなく，それらの組み合わせで概念やイメージを表現するための手段であるという考え方にもとづいている．
12. **significado:** 言語学でいうところの「シニフィエ，記号内容，所記」をさす．significante と対称的に話者が抱く概念やイメージに相当し，それらは音声や文字の組み合わせを介してはじめて話者以外に伝わる記号（語彙）として成立する．
13. **los hablantes:**「話者」．複数形定冠詞がつくことで，英語に対してスペイン語で暮らす人々を一般化．
14. **en cambio:**「逆に，反対に，一方」．何と何が対立しているかについては文脈への注意が必要．この文の主語は un término であることにも注意．
15. *resorte* y *muelle*:「ばね，スプリング」．それぞれ単独で esprín (spring) の意味を有する．
16. **en cuestión:**「くだんの，当該の，問題となっている」．形容詞的な前置詞句．
17. *préstamo léxico*:「語彙の借用」．significante と significado を合わせた記号としての語彙そのものを輸入し，既存の言語体系に組み込むこと．
18. **en orden descendente:** 降順に，値の高い順に．
19. **índice de disponibilidad:** 使用率．
20. **de manera distinta:**「別の方法で，異なる様式で」．副詞的な前置詞句．
21. **se envuelve** ＜ **envolverse:** 包み込まれる，包摂される．
22. **desde hace siglos:**「数世紀前から」．desde hace＋時間で，「〜以来」という成句になる．
23. **hiciera su aparición:**「姿をあらわす，出現をなす」．文全体の時制が過去で，antes de que「〜する以前に」が導く節のなかであるため，hacer「おこなう，する」が接続法過去で用いられている．
24. **de hecho:**「現に，事実」．文の続きでは，実際の状況を述べるのに現在形が用いられている．
25. **el juego de pelota:**「野球の試合」．ここで述べられるように，pelota は本来「球，ボール」の意味を有するが，現在では「野球」の意味もある．juego は動

7. Encrucijada de culturas

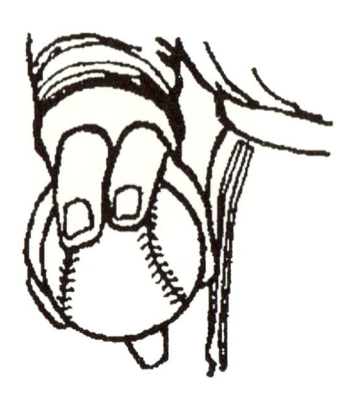

ボール (bola) の握り

ピッチャー (lanzador) の投球

Texto 2　Lengua y béisbol en la República Dominicana

キューバの野球におけるタッチプレイ

semejanza fonética que existe entre las dos palabras.

Conviene puntualizar aquí el caso del término *bola*. Aunque en el sentido de *'pelota'* hay que reconocer que es una palabra netamente hispánica y no un calco del inglés *'ball'*, resulta que en el béisbol se llama también *'bola'* al *'lanzamiento desviado que hace el pitcher al bateador'*. En las narraciones radiales y de televisión se escuchan con frecuencia expresiones como esta: "la cuenta[33] se nivela ahora en una *bola* y un *strike*". Y en este sentido particular, se trata de un claro ejemplo de traslado semántico inducido por la semejanza fonética entre *ball*, del inglés, y *bola*, del español.

Otros calcos se producen mediante un tipo de traducción literal[34] que selecciona en la lengua receptora una forma equivalente[35], pero en un sentido distinto, a la palabra de la lengua fuente que se trata de importar[36]. En este grupo hay que incluir unidades como *carrera* (de *'run'*), *lanzador* (de *'pitcher'*), *receptor* (de *'catcher'*). Por ejemplo, en español, existe la palabra *lanzador* con el sentido general de 'que lanza'. Pero en el juego del béisbol adquiere el significado específico de 'pitcher', es decir, 'jugador defensivo encargado de lanzar la pelota al receptor, intentando que el bateador no pueda golpearla'. Un rasgo de este tipo de calco es la independencia fonética entre palabras: *carrera*, por ejemplo, no tiene ningún vínculo en cuanto a[37] su pronunciación con *run*; ni *receptor* con *catcher*. En síntesis[38], el término español que recibe el traslado semántico se corresponde con el[39] que expresa el significado básico o general de la palabra inglesa, pero ambos son completamente distintos desde el punto de vista de su significante.

En otra categoría hay que situar los vocablos en los que de una base léxica inglesa se deriva otra palabra mediante la adición de un sufijo español[40], como sucede con *batazo* (de *bat* > *bate*), *flaicito* (de *fly*), *jonronero* (de *home run*), *pitcheo* (de *pitch*), *esprintada* (de *sprint*). En estos casos se revela un alto grado de integración o adaptación del préstamo a la estructura fonética y morfológica[41] del español.

Orlando Alba, "Clasificación de los anglicismos", *Lengua y béisbol en la República Dominicana* , Santo Domingo: Secretaría de Estado de Cultura, 2006, pp. 103-105.［担当：倉田量介］

Texto 2　Lengua y béisbol en la República Dominicana

　　詞 jugar の名詞形で「遊び，ゲーム，プレー」．
26. **el diamante:** ダイヤモンド（競技場における内野）．
27. **es decir:**「つまり，すなわち」．言い換えの表現として使用頻度の高い成句．
28. **la lengua fuente:**「もとの言語」．fuente「源泉，原典，出所」は女性名詞だが，形容詞的に用いられている．ここでの話題は英語的語法なので，la lengua fuente は英語で，転移先の la lengua receptora がスペイン語にあたる．
29. **la lengua receptora:**「受ける側の言語」．receptor(a)「受け手」は，名詞としても形容詞としても用いられる．
30. *préstamo semántico*:「意味の借用」．préstamo léxico「語彙の借用」とは異なり，既存の significante を選びだし，語彙そのものではなく significado だけを導入して，記号を更新するということ．
31. *traslado semántico*:「意味の転移」．o「あるいは」で言い換えているので，*préstamo semántico* とほぼ同義．
32. **de modo que resulta bastante fácil hacer la fusión o la copia:** de modo que は「そのため，それゆえ，だから」．hacer の不定詞句が節の主語として倒置されていることに注意．
33. **la cuenta:**「カウント」．例文は，ボールとストライクがひとつずつのワン・エンド・ワンと呼ばれる平行カウントをあらわしている．
34. **traducción literal:**「文字どおり（逐語）の翻訳」．significante が原語と無関係なものに変わってしまう点で，préstamo léxico とも préstamo semántico とも相違する．
35. **equivalente:** 前置詞 a を伴って「〜と同等の」の意味．
36. **la palabra de la lengua fuente que se trata de importar:** se は importar にかかる再帰代名詞で「導入される」という受け身を作る．「導入されようとしている，もとの言語（英語）のことば」という意味．
37. **en cuanto a . . . :** 〜に関しては，〜についていえば．
38. **en síntesis:**「要するに」．話題を総括的にまとめる場合の成句．
39. **el:** = el término.
40. **un sufijo español:**「スペイン語の接尾辞」．縮小辞や増大辞がこれに該当する．
41. **la estructura fonética y morfológica:**「音声および形態の構造」．音声や綴りの配置．

Texto 3 ★ [CD2 n° 9, 10]
Tristezas
bolero

♣

Letra y música: José "Pepe"[1] Sánchez
Interpretación: Dúo voces del Caney

Tristezas me dan tus penas[2] mujer[3], [1]
profundo dolor[4]; no dudes de mí[5],
no hay[6] prueba de amor que[7] deje[8] entrever
cuánto[9] sufro y padezco[10] por ti.
(Bis[11]) [5]
La suerte es adversa[12] conmigo[13],
no deja[14] ensanchar mi pasión,
un beso me diste[15] un día[16]
y lo[17] guardo[18] en mi fiel corazón[19].
(Bis) [10]

"ペペ"・サンチェスが率いたグループ.
本人は前列左. 1910年の撮影.

Texto 3　Tristezas

[解説]

　Tristezas（哀しみ）は，ホセ・"ペペ"・サンチェス（1856–1918年）が1883年に発表したキューバで最初の「ボレロ」による曲とされています．「ボレロ」とは，キューバ東部地方で様式化された後にラテンアメリカ諸国で愛されるに至った叙情的な歌謡ジャンルです．フランス印象派に属するラベルの作品をはじめ，ヨーロッパにも同名の舞曲ジャンルが存在するため，地名の形容詞 cubano で区別されることもあります．

　リズム構造は明確で，鍵となるリズム型は，シンキージョ（cinquillo）と呼ばれます．corchea（8分音符=1/8）-semicorchea（16分音符=1/16）-corchea-semicorchea-corchea の5音（cinco）を合計すると，1小節2/4で4分の2拍子となり，歌詞の音節は基本的にシンキージョの8分音符と対応します．18世紀末以降，隣島の旧フランス領サンドマング（現ハイチ）から大量の亡命者が移り住み，彼らの民俗音楽がシンキージョを導いたとされます．キューバの作家アレホ・カルペンティエール（Alejo Carpentier）は，アフリカとヨーロッパのリズムをかけ合わせたシンキージョをキューバの音楽的出発点と位置づけました．「サルサ」（後述）もまた，シンキージョから派生したリズム型を下地として発展しました．実際の音源で，歌詞とシンキージョの連動性にも注意してみてください．

　通常，ボレロの伴奏はギターのかき鳴らしと爪弾きの併用でおこなわれます．即興的なギター弾き語りのスタイルをトローバ（trova）と呼び，その演奏家をトロバドール（trovador）と称しますが，作者"ペペ"・サンチェスはその先駆的人物でした．録音者ドゥオ・ボセス・デル・カネイは1967年に設立された女性二重唱のグループです．来日経験も多い弦楽器の名手パンチョ・アマート（Pancho Amat）と2002年にCDで共演するなど，今日のキューバを代表するトロバドーラたちです．シンキージョと歌を結びつけてボレロを育んできたのは，そうした「吟遊詩人」と邦訳されるトロバドール，つまり街角の歌い手たちだったのです．

[注]

1. **"Pepe"**: "ペペ"は通称．東部地方の古い港町サンティアゴ・デ・クーバ（Santiago de Cuba）で生まれ，当時，トロバドールとしての音楽活動以外に家業の仕立屋も兼ねた．
2. **tus penas:** pena は「苦悩，苦しみ」．dan の主語．tus quejas「おまえの嘆き」という歌詞も伝わっている．
3. **mujer:** 単数で使われており，現在形3人称複数の活用形を示す動詞 dan < dar の主語でないことがわかるため，ここでは男性 yo から女性 tú に向けた呼びかけの言葉と解釈される．
4. **profundo dolor:** 形容詞が前置されていることから，主観性の強い「深い（心の）痛み」．
5. **no dudes de mí:** 演唱者によっては que dudes de mí とも歌われる．dudes < dudar はいずれにしても接続法現在であるが，ここでは tú への否定命令で「私を疑わないでくれ」．

7. Encrucijada de culturas

譜例の一部.

José "Pepe" Sánchez (Letra y música), Dúo voces del Caney (Interpretación), "Tristezas", 『TRISTEZAS–Las Canciones Cubanas Con Alma De La Época / キューバのうた』ビクターエンタテイメント，VICG - 60438, 2001. [担当：倉田量介]

Texto 3　Tristezas

6. **hay** ＜ haber: 否定文として「愛のあかしなどありはしない」といっている．この文は「私がどんなことをしようと私の内なる苦しみはおまえには分かってもらえない」ということを歌っている．
7. **que:** 関係代名詞の限定用法．「〜のような」といった訳になる．
8. **deje** ＜ dejar: 先行詞を含む主節 no hay prueba de amor が否定文なので，que 以下の節で動詞を接続法現在にしている．dejar＋不定詞で「〜させる」．
9. **cuánto:** どれほど．以下の節は不定詞 entrever「予測する，かいま見る」の直接目的に相当する．
10. **sufro y padezco:** sufro ＜ sufrir「苦しむ」と padezco ＜ padecer「悩む」の並置．現在形を用いることで por ti「おまえのために」の苦悩を生々しく表現．
11. **Bis:** ボレロではギターの間奏をはさんで4小節4行の歌詞を繰り返すことが多い．さらに偶数行の語末で韻が踏まれている（mí と ti，pasión と corazón）という点に注意．
12. **adversa:** 主語 suerte「運命」が女性名詞であることから性一致．形容詞 adverso「逆向きな，敵対する」．
13. **conmigo:** 前置詞 con＋mí はこの形となる．ちなみに con＋ti ならば contigo．
14. **no deja** ＜ no dejar: la suerte を主語とする．「私の情熱が広がるままにさせない（広がるのを妨げる）」．
15. **diste** ＜ dar: 点過去で主語は tú．me は間接目的語で「私に口づけをくれた」という倒置文．
16. **un día:** 前置詞を付随させていないが「ある日」という副詞的な使い方．
17. **lo:**「口づけ」もしくは前文の思い出全体を受ける直接目的の人称代名詞．
18. **guardo** ＜ guardar: 抱き続ける，（大事に）しまっている．
19. **en mi fiel corazón:**「私の誠実な心に」であるが，単に en el corazón とする歌詞もある．

173

Texto 4 ★
Plástico
salsa

♣

Letra y música: Rubén Blades

Ella era una chica plástica, [1]
de esas que veo por ahí,
de esas que cuando se agitan
sudan *Chanel*[1] *Number Three*,
que sueñan casarse con un doctor, [5]
pues él puede mantenerlas mejor.
No le hablan a nadie si no es su igual,
a menos que sea[2] fulano de tal[3].
Son lindas, delgadas de buen vestir,
de mirada esquiva[4] y falso reír. [10]

Él era un muchacho plástico,
de esos que veo por ahí,
con la peinilla[5] en la mano
y cara de "yo no fui"[6];
de los que por tema de conversación [15]
discuten qué marca de carro es mejor;
de los que prefieren el no comer[7]
por las apariencias que hay que tener
pa' andar[8] elegantes y así poder
una chica plástica recoger[9]. [20]

¡Qué fallo![10]

Texto 4　Plástico

[解説]

　キューバ革命（1959年）の後，国交が断絶したことにより，北米都市において実践されてきたアフロキューバ音楽は本国キューバとの直接交流の回路を断たれました．こうしたことがひとつの誘因となって，1960年代，ニューヨークを舞台に亡命キューバ人・プエルト・リコ人・ドミニカ人をはじめスペイン語圏カリブ諸国出身の音楽家が，キューバ音楽を基礎にした新しいラテン音楽を実験しはじめたのです．おりしもロックが若者の音楽を主導し，リズム・アンド・ブルースやソウルのようなアフロ系ポピュラー音楽が人気を博した時期と重なります．こうした英語圏のポピュラー音楽とも相互に影響しあいながら，米国発の新しいラテン音楽はのちに「サルサ」と呼ばれるようになります．1970年代には，ファニア・レコードに集結した音楽家の活躍で，スペイン語圏カリブの現代ダンス音楽として，サルサは代表的地位を確立します．

　1948年パナマに生まれたルベン・ブレイズ（英語圏の島セント・ルシア出身の家系からブレイズと発音．スペイン語式にブラデスと読まれることも多い）は，サルサの「巨匠」というべき存在です．歌手，作詞作曲家，映画俳優と多彩な活躍をしてきました．その先進的なサウンドと，現代スペイン語詩文として価値の高い作詞により，鋭い社会批評を展開，「サルサの詩人（El Poeta de la salsa）」と呼ばれることもあります．1970年代に渡米し，当時創立したばかりのサルサ専門レーベル「ファニア」に参加．1977年トロンボーン奏者兼作詞作曲編曲家のウィリー・コロン（Willie Colón）とコンビを組んでソロアルバム『メティエンド・マノ（*Metiendo Mano*）』を発表．自作自演歌手としての地位を確立しました．翌1978年に発表された『種子をまけ（*Siembra*）』は，こんにちまで累積2500万枚を販売したといわれ，サルサ史上最大のヒットアルバムであると同時に，最高傑作とも評価されています．

　アルバム冒頭に収録された「プラスティコ」は，北米社会の市場主義経済にとりこまれ，ラティーノとしての誇りと文化を失った人びとを鋭く批評した曲です．曲のイントロで当時全世界を席巻したディスコミュージックのパロディが演奏されています．ラティーノでありながら米国主流社会の流行音楽に耽溺するプラスティックな人びとのライフスタイルを揶揄する演出です．

　パナマ大学法学部卒，ハーヴァード・ロースクール修了の経歴を持つブレイズは，近年政治活動にも傾倒しています．1994年には新政党パパ・エゴロ (Papa Egoró) を旗揚げし，パナマ共和国大統領選挙に出馬．得票率15%と健闘するも，落選．2004年にはマルティン・トリーホス政権の観光大臣として初入閣し，現在（2008年）に至っています．

　ルベン・ブレイズ自身による「プラスティコ」のライブ演唱は，ブレイズのウェブページ rubenblades.com などインターネット上の多くのサイトで無償公開されています．1978年のアルバム *Siembra* 収録のオリジナル録音は，ネットから簡単にダウンロード購入することができます．スペイン語圏カリブを代表するシンガーソングライターの歌声を，ぜひ聴いてみてください．

7. Encrucijada de culturas

Era una pareja plástica
de esas que veo por ahí,
él pensando sólo en dinero,
ella en la moda en París;
aparentando lo que no son, [25]
viviendo en un mundo de pura ilusión,
diciendo a su hijo de cinco años:
"no juegues con niños de color[11] extraño";
ahogados en deudas para mantener
su estatus social en boda o coktel[12]. [30]

¡Qué fallo!

Era una ciudad de plástico,
de esas que no quiero ver,
de edificios cancerosos
y un corazón de oropel[13], [35]
donde en vez de un sol amanece un dólar,
donde nadie ríe donde nadie llora
con gente de rostros de poliéster
que escuchan sin oír y miran sin ver[14]
gente que vendió por comodidad[15] [40]
su razón de ser[16] y su libertad.

Oye latino[17], oye hermano, oye amigo,
nunca vendas tu destino,
por el oro y la comodidad,
nunca descanses, pues nos falta andar bastante. [45]
Vamos todos adelante,
para juntos terminar
con[18] la ignorancia
que nos trae sugestionados[19],
con modelos importados [50]
que no son la solución.
No te dejes confundir,
busca el fondo[20] y su razón.
Recuerda[21]: se ven las caras[22], pero nunca el corazón.

Texto 4　Plástico

[注]

1. *Chanel*: パリに本拠を置く世界的ファッションブランド．「No. 5」「No. 19」などの香水が有名．
2. **a menos que sea . . . :** 接続法現在を含む慣用句．「〜でないかぎりは」．
3. **fulano de tal:**「何某」「誰某」など特に名を伏せるときに使う表現．ここでは，逆に有名人を比喩．
4. **esquiva:** 冷淡な．
5. **peinilla:** peine（櫛）に縮小辞 illo/a が付加した形．縮小辞には ito/a, ico/a, illo/a などがあり，使用の好みには方言差がみられる．
6. **cara de "yo no fui":**「俺じゃないよ」という顔．無責任な男の態度を表現．
7. **el no comer:** 名詞化された不定詞には男性定冠詞を付加することがある．文章語的な響きとなる．ここでは，1行10音節構成の歌詞の韻を保つ役割を果たしている．
8. **pa' andar:** para andar が訛った口語表現．発音は「パンダール」と聞こえる．
9. **poder una chica plástica recoger:**　母音＋r の脚韻を守るため倒置されている．普通の語順は poder recoger una chica plástica．
10. **fallo:** あやまち．失敗．
11. **color:** 差別的な文脈で (persona) de color といえば，それは自動的に先住民またはアフリカ系の浅黒い肌色（の人）をさす．ここではさらに extraño をつけて，発言者の人種主義的視点が強調される．
12. **coktel:** カクテルパーティ．英語の cocktail からの借用語．
13. **oropel:** 金に似せた真鍮メッキ．転じて，一見高級で実は価値のないもの．
14. **escuchan sin oír y miran sin ver:** escuchar は内容を意識して「傾聴する」．同様に mirar は「注視する」．これらと対比して ver, oír はただ「見る」「聞く」という行為そのものを表わす．直訳すると「聞くことなく傾聴し，見ることなく注視する」となる．これはどのような態度を表わすだろうか？　考えてみよう．
15. **comodidad:** ここでは無冠詞・単数なので，抽象概念としての「快適さ」．冠詞がついて具体性を帯びれば，「生活消費財」の意味にもなる．
16. **razón de ser:** 存在理由．
17. **latino:** ラティーノ．米国在住のスペイン語話者．もしくは，ラテンアメリカ人全般を指す．
18. **terminar con . . . :**「〜を根絶する」．ここでは la ignorancia que nos trae sugestionados と modelos importados que no son la solución の両方にかかる．
19. **nos trae sugestionados:** traer＋目的語＋補語（形容詞，過去分詞）の構文で，「〜を〜の状態・状況に置く，追いこむ」．sugestionados は sugestionar「夢中にさせる，影響・感化する，洗脳する」の過去分詞．目的語の nos に一致して複数形になっている．
20. **fondo:** 奥底．転じて，物事の本質．
21. **recuerda:** 他動詞 recordar の命令形．目的語は以下モントゥーノ部で繰り返される se ven las caras, pero nunca el corazón という句．

7. Encrucijada de culturas

[Montuno[23]] [55]

(Coro) Se ven las caras, se ven las caras,
¡vaya[24]!, pero nunca el corazón
(Solo) Del polvo[25] venimos todos
y allí regresaremos, como dice la canción
(Coro) Se ven las caras, se ven las caras ¡vaya! [60]
. . . pero nunca el corazón
(Solo) Recuerda que el plástico se derrite[26]
si le da de lleno[27] el sol.
(Coro) Se ven las caras, se ven las caras ¡vaya!
. . . pero nunca el corazón. [65]

(Solo) Estudia, trabaja y sé gente[28] primero,
allí está la salvación
(Coro) Se ven las caras, se ven las caras ¡vaya!
. . . pero nunca el corazón.
(Solo) Pero que mira, mira, [70]
no te dejes confundir busca el fondo y su razón
(Coro) Se ven las caras, se ven las caras ¡vaya!
. . . pero nunca el corazón.
(Solo) Pa'lante[29], pa'lante, pa'lante, pa'lante, pa'lante,
y así seguiremos unidos y al final venceremos [75]
(Coro) Se ven las caras, se ven las caras ¡vaya!
. . . pero nunca el corazón.

(Solo) Pero señoras y señores,
(Coro) ¡Se ven las caras![30]
en medio del plástico, también se ven las caras de esperanza [80]
(Coro) ¡Se ven las caras!
se ven las caras orgullosas que trabajan por una Latinoamérica unida
(Coro) ¡Se ven las caras!
y por un mañana de esperanza y de libertad. [85]
(Coro) ¡Se ven las caras!

(Solo) Se ven las caras de trabajo y de sudor,

22. **se ven las caras:** verse は他動詞 ver が再帰動詞化した形．「〜が見える」．他動詞が再帰代名詞を伴うと，自動詞になると同時に，「ひとりでに」「おのずから」というニュアンスも表出する．表面的には愛想よくふるまっても，心の奥では何を考えているかわからない，という人びとの様子を表わす．
23. **montuno:** サルサなどアフロカリブ系ダンス音楽は，比較的遅いテンポでソロ歌手中心の前半部分，ソロとコーラスの掛けあいで展開するアップテンポの後半部分という様式からなる．リズムが浮き立ち，歌・楽器ともに即興演奏の妙を聴かせる後半部分をとくに「モントゥーノ」と呼ぶ．モントゥーノの原義は「山地風」（意訳は「アフロ風」）．これはサルサの原形であるキューバの国民歌謡ソン（son）の発祥の地サンティアゴ・デ・クーバにおいて，都市周縁部の山地にアフリカ系の人びとが多く住んでいたことに由来する．
24. **vaya:** 感嘆，激励などのときにつかう間投詞．「それ」「わあ」「へえ」などに相当．ir の命令形に由来．
25. **polvo:** 物質としての土．土を表わす語に tierra もあるが，こちらは「土地，大地，故郷，土壌」といったより抽象的概念となる．
26. **se derrite:** 他動詞 derretir「溶かす」がここでは再帰代名詞を伴い，自動詞となる．
27. **de lleno:** じゅうぶんに，めいっぱいに．
28. **sé gente:** sé は ser の命令形．gente は，カリブ海方言で「礼儀・常識・教養を身につけた立派な社会人」を意味する．
29. **pa'lante:** para adelante のカリブなまり．直訳は「前に」「前進して」．「加速する，勢いをつける」といった肯定的な態度を表現する言葉．音楽用語としては「ノッて（次第に速く）演奏する」．
30. **¡Se ven las caras!:** これ以降，歌は終結部に入る．アメリカ合衆国都市におけるラティーノの暮らしをシニカルな視点から批評してきた歌詞は，ここから一転し，ラティーノならびにラテンアメリカ人に対する期待を表現する．コーラスで繰り返されてきたフレーズは se ven las caras と短縮される．「（誇りと尊厳をもって暮らすいきいきとした人びとの）顔が見える」といった肯定的な意味になる．
31. **gente de carne y hueso:** 直訳は「肉と骨の人びと」．温かい血の通った人間らしく生きる人びと．
32. **se vendió:** 他動詞 verder が直接目的語として再帰代名詞をとり，「自分自身を売る」の意味になる．ここでは「魂を売り渡す」という意味．経済的利害のために誇りを捨てたり，他人を裏切ったりした人などをさす．
33. **gente trabajando y buscando el nuevo camino:** 「働きながら新たな道を模索する人びと」．スペイン語の現在分詞は文法的には「動詞の副詞形」と説明され，主動詞あるいは文全体を副詞的に修飾する．（英語のように）現在分詞が名詞を修飾することは，通常，文章や会話では使われないとされる．しかしこの例のような詩文などでは，現在分詞による名詞の修飾が行なわれることも稀ではない．

7. Encrucijada de culturas

(Coro) ¡Se ven las caras!
(Solo) de gente de carne y hueso[31] que no se vendió[32].
(Coro) ¡Se ven las caras!   [90]
(Solo) de gente trabajando y buscando el nuevo camino[33],
(Coro) ¡Se ven las caras!
(Solo) orgullosas de su herencia y de ser latino
(Coro) ¡Se ven las caras!
(Solo) de una raza[34] unida, la que Bolívar[35] soñó.   [95]
(Coro) ¡Se ven las caras!

¡Siembra[36]!
Panamá, ¡presente[37]!
Puerto Rico, ¡presente!
México, ¡presente!   [100]
Venezuela, ¡presente!
Perú, ¡presente!
República Dominicana, ¡presente!
Cuba, ¡presente!
Costa Rica, ¡presente!   [105]
Colombia, ¡presente!
Honduras, ¡presente!
Ecuador, ¡presente!
Bolivia, ¡presente!
Argentina, ¡presente!   [110]
Nicaragua (sin Zomoza[38]), ¡presente!
El barrio[39], ¡presente!
La esquina[40]¡presente!
Los estudiantes...

Willie Colón & Rubén Blades, "Plástico", *Siembra*, Fania, 1978. 歌詞テキストは，石橋純が聞き取り．［担当：石橋純］

Texto 4　Plástico

34. **raza:** 人種・民族．スペイン語の raza は，英仏語の race と同様，もともとは人類を遺伝形質によって下位分類する疑似科学的な概念としての「人種」ではなく，「出自を同じくする人びと」「共通の祖先からわかれた集団」という意味を持っていた．ここでは，後者の用法で，広義の「民族」，「ラテンアメリカの同朋」といった意味で使われている．
35. **Bolívar:** シモン・ボリバル．19世紀初頭に活躍したベネズエラ出身の軍人・政治家．ラテンアメリカ解放の父（El Libertador）と呼ばれる．詳しくは第2章 Texto 3 を参照．
36. **siembra:** 動詞 sembrar「種まく」の命令形．ここでは未来のラテンアメリカ社会づくりへの種まきが含意されている．この曲 "Plástico" が収録されたアルバムのタイトルでもある．
37. **presente:** 点呼の際，自分の名前が呼ばれたときに応える「はい」の返事．
38. **Zomoza:** 1936年から1979年まで親子兄弟三代にわたりニカラグアを支配した独裁者一家．1979年のサンディニスタ革命により，ソモーサ家によるニカラグア支配は終焉を告げた．米国の援助を受けてきたソモーサ政権の崩壊を歓迎するかのような歌詞は，反共右翼の亡命キューバ人が絶大な権力を握る米国のラテン音楽ならびにスペイン語放送業界においては物議をかもす冒険だった．
39. **el barrio:** バリオ．スペイン語圏カリブで都市下層の地域社会を表わす．日本語の「貧民窟」や英語の "slum" あるいは "ghetto" などと異なり，スペイン語の "barrio" には貧しい人びとが自律的に構築した地域社会という肯定的なニュアンスが含まれる．ここでは定冠詞がついて代表単数となり，ラテンアメリカ各地のバリオの人びとを集合的に表現している．いっぽう，ニューヨークの文脈で El Barrio といえば，マンハッタンのセントラルパーク北東側に位置するラティーノの地域社会（英語名 Spanish Harlem）を意味する．ニューヨークのエル・バリオはサルサならびにヒップホップ発祥の地とされる．
40. **esquina:** 街角．ルベン・ブレイズは，その詩作のなかで，一貫して barrio, esquina, solar（スペイン語圏カリブの都市下層社会にみられた集合住宅．一階の中庭で炊事場・風呂・便所を共有した）といった場に集う人びとを主人公にしてきた．

アルバム *Siembra* のジャケット　　　ルベン・ブレイズ（左）とウィリー・コロン（右）

Texto 5 ★ [CD2 n° 11, 12]
Sangueos
Tradición festiva de catolicismo popular[1]
en la región de Litoral Central de Venezuela

♣

Letra y música: tradición, Victor Hermozo,
Herman Villanueva

Se va Bautista [1]

(Solo)
Se va[2] Bautista,
se va Bautista se va y se va.

(Coro[3]) [5]
Se va Bautista,
se va Bautista se va y se va.

(Solo)
Se va Bautista, y ¿el año que viene quién lo extrañará?

(Coro) [10]

(Solo)
Se va Bautista, y el pueblo seguro que lo extrañará.

(Coro)

(Solo)
Se va Bautista, y los parranderos[4] lo van a extrañar. [15]

(Coro)

Texto 5　Sangueos

[解説]

　サンゲオは，ベネズエラのカリブ海岸地方に伝承される，祭りの太鼓歌 (tambor) です．この地方のアフロ系住民の篤い信仰を集める聖者 (santo) にサン・フアン・バウティスタ（San Juan Bautista，洗礼者聖ヨハネ）がいます．ベネズエラのアフリカ系文化のなかで，サン・フアンの祭りは，パランダ (parranda) と呼ばれる太鼓歌と踊りの宴とともに祝われます．素朴な木彫りや石膏の聖像としてかたどられた聖者が，6月1日から7月16日まで，地域社会に「顕現」します．この期間，信者たちは，聖像＝聖者の所有者世帯の居間にしつらえられた祭壇の前でサン・フアンに願かけするのです．恋愛・仕事・学業の成就，家庭の円満，病気快癒，はてはギャンブル必勝など，さまざまな願いごととひきかえに，人びとは返礼の誓い (promesa) をたてます．

　成願の返礼 (pago) として，人びとは晴れ着や貴金属などを献納します．なかでも最高の奉納とされるのが，炊き出しの大鍋と酒をふるまい，聖像＝聖者と信者を招いて一夜のパランダを催すことです．

　「出現祭」の6月1日，「聖誕祭」の24日，「旗納め」の7月16日，サン・フアンは街路にくりだし，人びとと交歓します．サンゲオは，御輿巡行の太鼓歌です．聖誕祭の前日から，夜を徹しての祭りが，地域社会総出で行なわれます．祭壇の前で，人びとは，ゴルペ (golpe) と呼ばれる熱狂的な太鼓歌を歌い，踊り，聖像＝聖者とともに夜を明かすのです．

　7月16日の深夜，サン・フアン祭のシーズンが終了をつげます．人びとは色とりどりの小旗を聖像＝聖者に奉納します．悲喜こもごもの思いとともに，この年最後のサンゲオを歌い，去りゆくサン・フアンを見送るのです．翌日から聖像は晴れ着を解き，質素な平服に着替え，オーナー世帯の人目につかない場所に安置されます．こうして，翌年の「出現祭」まで，聖者は「天上に帰った」状態をすごすのです．

　ここでは，ベネズエラ随一の港町・プエルトカベージョ (Puerto Cabello) の地域社会サンミジャン (San Millán) の祭り仲間たちが歌う，「旗納め」の夜のサンゲオを紹介します．

[注]

1. **catolicismo popular:** 民衆カトリシズム．ローマ教会の教義・典礼規範にもとづいた聖職者による宣教司牧とは別に，民衆独自の流儀によって伝承されたカトリック信仰．ラテンアメリカの多くの地域では，先住民文化やアフロ系文化と融合した，さまざまな民衆カトリシズムの儀礼が実践されている．
2. **se va:** 自動詞 ir が再帰代名詞を伴って，irse となると意味が大きく変化する．ここでは「去っていく」「行ってしまう」．
3. **coro:** コーラス．アメリカ大陸のアフリカ系民謡は，ソロとコーラスが交互にうたいつぐ「コール・アンド・リスポンス形式」を特徴としている．コーラスはおなじ歌詞を繰り返しうたい，ソロは一連ごとに違う歌詞を展開する．ソロ歌手が即興の歌詞をまじえることも盛んにおこなわれる．以下，「Coro」と表示した部分は同じ歌詞が繰り返される．

183

7. Encrucijada de culturas

(Solo)
Se va Bautista, y ¿el año que viene quién lo bailará[5]? [20]

(Coro)

(Solo)
Se va Bautista, se va para el cielo para descansar.

(Coro) [25]

(Solo)
Se va Bautista, se va muy alegre para San Millán[6].

Para que me consolara

(Solo)
Ay o lo lo e e[7], para que me consolara[8] [30]
para saber algún día, de amargura y de dolor.

(Coro)
Ay o lo lo e e, para que me consolara
para saber algún día, de amargura y de dolor.

(Solo) [35]
Ay o lo lo e e, de amargura y de dolor
que es lo que llevo en mi alma por culpa de tu traición[9].

(Coro)

(Solo)
Ay o lo lo e e, y una pena quita pena [40]
y una pena quita pena y un dolor quita un dolor.

(Coro)

(Solo)
Ay o lo lo e e, y un dolor quita un dolor
pero la pena que traigo la llevo en el corazón. [45]

(Coro)

Texto 5　Sangueos

4. **parranderos:** 聖者の祭りに積極的に参加する人びと．祭り仲間．
5. **bailará** ＜ bailar: ふつう自動詞として使われるが，ここでは他動詞として使われている．「聖者を踊らせる」という意味を表わす．サン・フアン祭の期間中，聖像をかついで信者が踊ったり，聖像とともに街路を行進することを，地域の人びとは「聖者を踊らせる」と表現する．
6. **se va muy alegre para San Millán:** irse はここでは「勢いづいて向かっていく」といったニュアンス．シーズン最後の聖像巡行を務めるため，近隣の地域社会に遠征した祭り仲間たちが，サンミジャンへの帰路に着くことを表現している．
7. **ay o lo lo e e:** スペイン語世界の民謡は，出だし部分で，"ay", "o lo le le", "lai la la lai" などの音を歌うことが多い．歌詞のない，無意味な部分であるのだが，名人と呼ばれる歌い手は，この部分に歌の情感を凝縮して表現するとも言われる．
8. **para que me consolara . . . :** この連は副詞節が繰り返され，述語動詞を含む節が言外に追いやられている．隠れた歌詞としては，たとえば "yo cantaría." などが考えられる．辛いことの多い毎日だけれども，心の癒しを得たいために（私は歌う），そうすれば，いつの日か悲しみや苦しみとはどんなものなのか，その本質がわかるかもしれない（だから私は歌う），といった意味になる．
9. **es lo que llevo en mi alma por culpa de tu traición:** 第 2 連以降，ソロ歌手は，日々の悲しみや苦しみ一般ではなく，ある男性（tú）の裏切りによる失恋の痛手を歌っている．
10. **si mañana regresaras:** si＋接続法過去の条件文は，現在や未来のことがらについての反現実的な仮想を示す．ここでは，「まずそんなことはないでしょうが」「考えたくもないけれど」などの含意がくみとれる．
11. **Iglesia 'e los Caneyes:** Iglesia de los Caneyes のアフロ系方言を表現した表記法．「'」は母音間の "d" が消失する発音を表記するため使われている．
12. **Caneyes:** カネジェスはプエルトカベージョ近郊のパタネーモ海岸にある村．港湾都市プエルトカベージョの地域社会であるサンミジャンは，近隣のアフロ系農漁村社会とのあいだに，親族や祭礼組織の紐帯による緊密な関係を築いてきた．サン・フアンが「去る」夜を想定して作られたこのサンゲオを通じて，いまは亡き 3 人の祭り仲間（ラファエル，ラ・ビエハ，ダミアナ）への追憶が歌われる．ラファエルは，サン・フアン祭のとき教会の鐘を鳴らして亡きラ・ビエハとダミアナを追悼した．いまはそのラファエルも他界してしまった……，そのような思いを歌っている．

(Solo)
Ay o lo lo e e, si mañana regresaras[10], no vengas a consolarme, de tu mal ya estoy curada...

(Coro) [50]

Tres Parranderos

(Solo)
Ay lo lo lo je je, en la Iglesia ´e los Caneyes[11]
están doblando campanas, las tocaba Rafael
por la Vieja y por Damiana[12]. [55]

(Coro)
Ay lo lo lo je je, en la Iglesia ´e los Caneyes
están doblando campanas, las tocaba Rafael
por la Vieja y por Damiana.

(Solo) [60]
Ay lo lo lo je je je, se fueron tres parranderos
de la tierra que queremos, se fueron los tres
amigos del pueblo de Patanemo.

(Coro)

(Solo) [65]
Ay lo lo lo je je ya no se escuchará el canto
impregnado de emoción, estarán en la memoria
también en el corazón.

(Coro)

(Solo) [70]
Ay lo lo lo je je tres luceros luminosos que brillan
y no se van, alumbran con sus destellos en la
noche de San Juan.

(Coro)

"Sangueos", *San Millán . . . La Fuerza de la Tradición*, Fundación Afroamérica, 1998. 石橋純が聞き取り．［担当：石橋純］

Texto 5　Sangueos

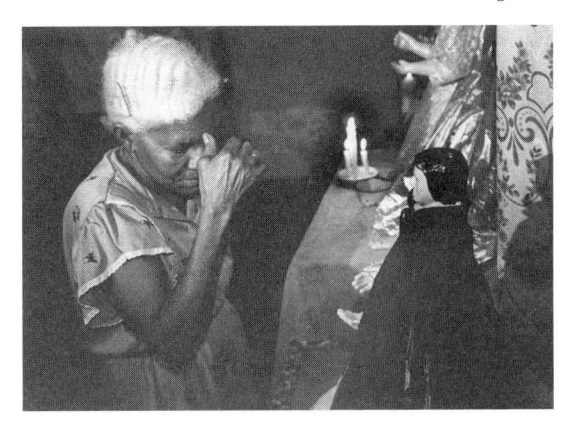

6月1日未明.
「出現した」サン・フアンに
祈りを捧げる.

太鼓歌は娯楽であると同時に奉納の行為でも
ある.

6月24日午後の聖者行進. 熱帯の陽ざしは
強烈.

Texto 6 ★★★ [CD2 nº 13]
Heike monogatari

♣

Traducción: Rumi Tani Moratalla y Carlos Rubio

Libro I, Capítulo I   El monasterio de Gion[1]

[1]

En el sonido de la campana del monasterio de Gion resuena la caducidad de todas las cosas. En el color siempre cambiante del arbusto de *shara*[2] se recuerda la ley terrenal de que toda gloria encuentra su fin. Como el sueño de una noche de primavera, así de fugaz es el poder del orgulloso. Como el polvo que dispersa el viento, así los fuertes desaparecen de la faz de la tierra.

[5]

Allende los mares noticias hay de[3] Chao Kao[4], de la dinastía Chin[5]; de Wan Meng[6], de la dinastía Han[7]; de Chu Wen[8], de la dinastía Liang[9]; de An Lushan[10], de la dinastía Tang[11]. Ninguno de ellos, por desobediencia a sus soberanos, por entregarse a los placeres, por desatender las advertencias del pueblo, por ignorar la desolación popular en medio de un mundo en caos, fue capaz de conservar su poder largo tiempo[12]. Todos acabaron siendo borrados para siempre de la faz de la tierra.

[10]

[15]

Aquende los mares, en nuestro propio país, está Masakado[13], de la era Johei[14]; Sumitomo[15], de Tengyo[16]; Yoshichika[17], de Kowa[18]; Nobuyori[19], de Heiji[20]. Todos los cuales[21], unos más y otros menos, fueron poderosos y altivos. Pero, ¡ay, que entre todos ellos descuella uno! Es un personaje reciente. Es Taira Ason Kiyomori[22], del clan de los Heike, monje laico de Roku-

[20]

Texto 6　Heike monogatari

[解説]
　『平家物語』は日本の叙事詩でしょうか，それとも歴史小説，仏教思想に基づく哀歌なのでしょうか．おそらくはこのすべてであり，また超えるものといえるでしょう．

　無名の作者たちによって作り変えられてきたというその生い立ち，口誦と曲節による伝承，史実的背景，軍事的・宗教的美徳の称揚，戦さに関する出来事の重視，夢と神託の重要性といった点で，『平家物語』は，ホメロスやヨーロッパ中世の伝統的叙事詩によく似ています．

　一方，相違点もあります．第一にその文体です．ヨーロッパの叙事詩は韻文ですが，『平家物語』は散文です．第二にその主題です．ヨーロッパの叙事詩では，叙情的な挿話，自然描写，歴史上の出来事に関する逸脱は少ないのですが，『平家物語』では多くあります．

　この作品は，歴史叙述を横糸に，叙情的挿話を縦糸にして織り上げられた錦織りの布地にたとえられてきました．この比喩をおしすすめるならば，この「布地」は悲劇的色調を帯びた仏教の色彩で染め上げられ，横糸は中国の故事，縦糸は哀歌ふうの日記，そして叙事詩が斜めの糸であると付け加えることができるでしょう．叙事詩的，叙情詩的，そして（仏教によってもたらされた）教訓的な性格が，12世紀の出来事を扱い，13世紀に書かれ，14世紀の写本で世に知られたこの傑作のおそらくはもっとも際立った特徴です．

　『平家物語』はものの儚さ，ひとの企ての虚しさ，そして傲慢の戒めを説いた仏教思想に基づく物語です．「無常」（ものの朽ち果てること）の文学的価値が美的な鍵となり，「末法」（終いの日の法）の文学的価値が宗教的な鍵となります．こうした二つの価値に生彩を与えるようにして，この作品の始まりと終わりを告げる祇園と寂光院の鐘の音のあいだを，幾世代にも渡って日本人を魅了しつづけた人間味あふれる，忘れがたい人物たちが，列をなして進みゆくのです．

[注]
1. **monasterio de Gion:** 祇園精舎．
2. **arbusto de *shara*:** 婆羅双樹．
3. **noticias hay de:** = hay noticias de．
4. **Chao Kao:** 趙高．
5. **dinastía Chin:** 秦．
6. **Wan Meng:** 王莽．
7. **dinastía Han:** 漢．
8. **Chu Wen:** 周伊．
9. **dinastía Liang:** 梁．
10. **An Lushan:** 禄山．
11. **dinastía Tang:** 唐．
12. **largo tiempo:** ここでは副詞的に使われている．= por largo tiempo．
13. **Masakado:** 将門．

189

hara[23] y antiguo primer ministro del Imperio. Su formidable soberbia empequeñece la realidad de tal manera que con dificultad acuden a mi boca palabras con que cantar[24] su historia. [25]

Libro XI, Capítulo IX   El suicidio del Emperador-niño en Dan-no-ura

Ni-dono[25], la viuda de Taira no Kiyomori, al ver cómo se desarrollaba el combate, demostró estar preparada para la ocasión. Se puso por la cabeza dos quimonos de luctuoso color gris, se remangó la amplia falda de seda, aseguró la sagrada esfera de jade bajo el brazo y se ciñó a la cintura la espada sagrada. Luego, tomó en sus brazos al Emperador-niño[26] y le habló con estas palabras: [30] [35]

— Aunque sea una mujer, no pienso caer en manos enemigas. Voy a acompañar a Su Majestad. Los que mantengan lealtad a Su Majestad, que me sigan[27].

Y se dirigió a la borda. [40]

El Emperador tenía ocho años, aunque aparentaba mayor edad. Era tan bello que su figura parecía resplandeciente. Su negra cabellera le caía por la espalda. Con expresión de extrañeza, preguntó:

— Abuela, ¿dónde me llevas? [45]

Ni-dono volvió su cabeza al niño y, aguantando las lágrimas, le contestó:

— ¡Ah, Su Majestad todavía no lo sabe! Por el esfuerzo que realizó en su vida pasada, ha cumplido los Diez Santos Preceptos del budismo[28] y por eso ha nacido Emperador. Pero, arrastrada por un destino fatal, la buena fortuna ha llegado a su fin. Majestad, despedíos[29] del santuario de Ise[30] mirando al levante; luego, rezad con la vista dirigida al poniente para ser recibido por Buda en el paraíso. ¡Ay, Majestad, estamos en un mundo de sufrimiento! ¡Os quiero llevar a un bonito lugar llamado el Paraíso de la Tierra Pura[31]! [50] [55]

Así le habló Ni-dono, que ya no pudo contener más las lágrimas. El pequeño soberano, vestido con un quimono color verde oliva[32] y peinado con dos largas coletas, juntó sus tier-

Texto 6　Heike monogatari

14. **era Johei:** 承平.
15. **Sumitomo:** 純友.
16. **Tengyo:** 天慶.
17. **Yoshichika:** 義親.
18. **Kowa:** 康和.
19. **Nobuyori:** 信頼.
20. **Heiji:** 平治.
21. **todos los cuales:** Masakado から Noriyori までを指す．ここでは関係代名詞 el cual の先行詞が前の文にある．
22. **Taira Ason Kiyomori:** 平朝臣清盛.
23. **Rokuhara:** 六波羅.
24. **palabras con que cantar:** 関係代名詞＋不定詞の用法．意味は「〜すべき〜」．
25. **Ni-dono:** 二位殿.
26. **Emperador-niño:** 幼少の天皇，安徳天皇.
27. **que me sigan:** que ＋接続法で「〜するように」（命令・願望）．
28. **Diez Santos Preceptos del budismo:** 十善戒行.
29. **despedíos:** despedirse の 2 人称複数の命令形．このような 2 人称複数形の使用は敬語の古用法．続く rezad も同じ．
30. **santuario de Ise:** 伊勢神宮.

壇の浦

nas manitas. Tenía también lágrimas en los ojos. Primero, hizo una reverencia mirando a oriente para decir adiós al santuario de Ise. Después, invocó el nombre de Amida[33] con la vista dirigida a occidente. A continuación, la abuela lo sostuvo en sus brazos y, para consolarlo, le dijo:

— Ya verá Su Majestad cómo también en este mar hay una capital.

Al momento, abrazada al niño, se arrojó a las profundidades marinas.

¡Ay, qué pena que la frágil brisa de aquella triste primavera, en un abrir y cerrar de ojos, hiciera desaparecer aquella flor imperial! ¡Qué dolor que el violento oleaje del destino, que hace girar la rueda de la vida y de la muerte, se hubiera tragado el augusto cuerpo del soberano del Imperio!

Epílogo. Capítulo V   La muerte de la dama imperial

El tañido de la campana de la ermita de Jakko-in[34] ya anunciaba la llegada de la noche. Por el cielo de poniente se escondía el sol.

Al Emperador-monje[35] le apenaba la idea del regreso, pero, luchando por sofocar las lágrimas, tuvo que volver a la capital. Respecto a Kenreimon-in, la antigua dama imperial, el pasado y sus recuerdos se adueñaron de su corazón y con las mangas de su hábito no cesaba de enjuagar las lágrimas que salían y salían de sus ojos. Después de acompañar con la mirada la comitiva imperial, que se alejaba más y más de la ermita, la dama entró en el oratorio y, postrada ante el altar, rezó esta oración con los ojos brillantes por las lágrimas:

— ¡Que el espíritu del Emperador y de los hombres y mujeres de la estirpe de los Heike puedan[36] renacer y alcanzar el camino de Buda!

[...]

Los miembros del clan de los Heike capturados en la batalla de Dan-no-ura[37], después de ser paseados con escarnio por las grandes avenidas, fueron decapitados o desterrados a provincias lejanas y separados de sus familias. A excepción de

31. **Paraíso de la Tierra Pura:** 極楽浄土.
32. **quimono color verde oliva:**「山鳩色の御衣」color verde oliva は「オリーブの色調の緑色」，全体が形容詞のように quimono「着物」を修飾する.
33. **Amida:** 阿弥陀.
34. **ermita de Jakko-in:** 寂光院.
35. **Emperador-monje:** 建礼門院（安徳天皇の母）を訪問した後白河院.
36. **Que . . . puedan:** que ＋接続法で「〜でありますように」（願望）.
37. **Dan-no-ura:** 壇の浦.
38. **Yorimori:** 頼盛.
39. **consejero mayor:** 大納言.
40. **no . . . más que . . . :** 〜だけが〜だ.
41. **Amida Nyorai:** 阿弥陀如来.
42. **Dainago-no-suke:** 大納言佐.
43. **Awa-no-naishi:** 阿波内侍.
44. **e izquierda:** y は次に i, hi ではじまる語があると e となる.
45. **Kenkyo:** 建久.
46. **ocupara ＜ ocupar:** 接続法過去 ra 形を直説法過去完了として使う古用法.
47. **al que acudir:** 関係代名詞＋不定詞で「〜すべき〜」の意味になる.
48. **hija el Rey Dragón:** 竜女.

寂光院鐘楼

7. Encrucijada de culturas

Yorimori[38], el consejero mayor[39], ninguno pudo quedarse en la capital. En cuanto a sus mujeres, que sumaban unas cuarenta, no fueron castigadas. Pudieron regresar con sus familias y parientes o buscarse otros refugios. Pero ni siquiera en las más encumbradas casas, donde podían vivir tras cortinas de jade, dejó de oírse el viento; ni en las casas más modestas, donde podían vivir tras puertas de paja, el polvo se asentó.

Esposos y esposas, cuyas cabezas habían dormido juntas, quedaron condenados para siempre a la lejanía como el cielo y la tierra. Los padres y los hijos se separaron y no volvieron a tener noticias unos de otros. Pero la añoranza por los seres queridos no desaparecía con el paso del tiempo; antes bien, los días y los meses acrecentaban la pena y aumentaban el llanto. De tanto dolor no tuvo la culpa más que[40] Taira Ason no Kiyomori, que tuvo el cielo y la tierra en la palma de la mano, que gobernó el Imperio a su antojo, que ni respetó a la Casa Imperial, que estaba arriba, ni atendió al pueblo, que estaba abajo, que prodigó a su capricho muertes y destierros sin tener en cuenta al mundo ni a las personas. Ejemplo, sin duda, de que bien pagan los descendientes los pecados de los padres.

Pasaron años y meses, hasta que la antigua Emperatriz cayó enferma. Tomó en sus manos la imagen de Buda de la que colgaban las hebras de hilo de cinco colores, y de sus labios salió la siguiente plegaria: "Amida Nyorai[41], señor del Paraíso de la Tierra Pura, acógeme en tu seno y recíbeme en tu paraíso."

Al entender su plegaria, sus damas de compañía, Dainago-no-suke[42] y Awa-no-naishi[43], que se hallaban a su derecha e izquierda[44], se pusieron a llorar, pues su fin se acercaba. A medida que la voz de la enferma se hacía más y más débil, una nube púrpura ensombreció el cielo por el oeste y una fragancia inefable perfumó la alcoba. Al mismo tiempo, desde el cielo se dejaron oír las notas de una maravillosa melodía.

Todo mortal tiene un tiempo de vida limitado, y el de la dama imperial se había cumplido. Falleció a mediados del segundo mes del segundo año de la era de Kenkyo[45] (año 1191).

Texto 6 Heike monogatari

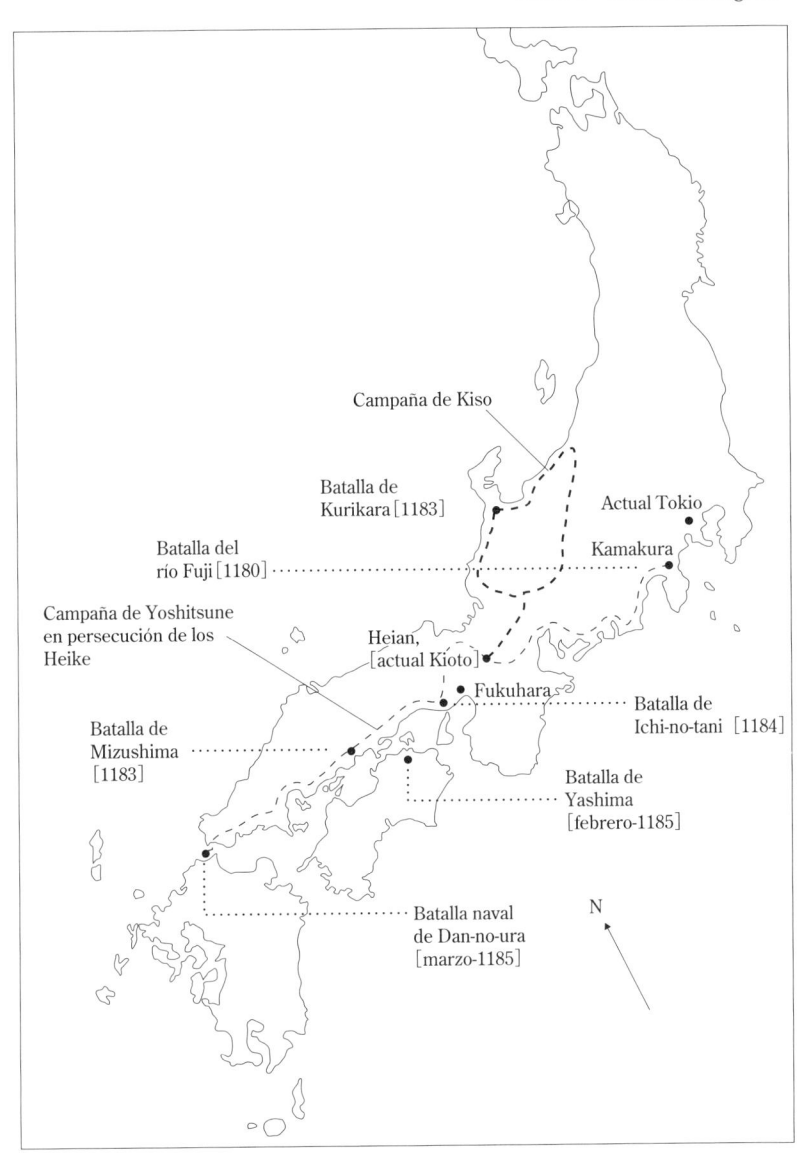

Campañas militares contra el clan Heike

7. Encrucijada de culturas

Sus dos damas de compañía, que habían estado a su servicio desde que Kenreimon-in ocupara[46] el rango imperial, lamentaron su muerte con tanta pena que en nada podían encontrar consuelo ni amparo. Ninguna de las dos tenía parientes ni lugar al que acudir[47]. Se entregaron, por tanto, a la fidelidad del recuerdo de la dama imperial, de suerte que jamás dejaron de conmemorar el aniversario de su muerte con ceremonias religiosas. Dice la gente que las dos siguieron los ejemplos de la hija el Rey Dragón[48] y de la Dama Idaike[49] que, tras alcanzar la iluminación[50], pudieron renacer en el Paraíso. [135]

[140]

Carlos Rubio (Introducción y Notas), Rumi Tani Moratalla y Carlos Rubio (Traducción), *Heike monogatari*, Madrid: Editorial Gredos, 2005, pp. 91–92, 738–739, 842–844. [担当：カルロス・ルビオ]

49. **Dama Idaike:** 韋提希夫人(いだいけぶにん).
50. **alcanzar la iluminación:** 悟りをひらく.

図版出典一覧

1　Andanzas por los Andes

- p. 6（左）　Huamán Poma de Ayala, *Nueva curónica y buen gobierno*, "La ejecución de Atagualpa Ynga en Cajamarca", Det Kongelige Bibliotek. (http://www.kb.dk/permalink/2006/poma/392/es/text/?open=id3087886).
- p. 6（右）　Huamán Poma de Ayala, *Nueva curónica y buen gobierno*, "Sermones de los padres de estos reinos", Det Kongelige Bibliotek. (http://www.kb.dk/permalink/2006/poma/623/es/text/?open=id3088802).
- p. 7　撮影，網野徹哉．
- p. 14　Javier Pulgar Vidal, *Geografía del Perú: Las Ocho Regiones Naturales*, Lima: Promotion Editorial Inca S.A., 1996, p. 17 をもとに作成．
- p. 13（上）　撮影，木村秀雄．
- p. 13（下）　撮影，木村秀雄．
- p. 23（上）　Carmen María Pinilla (Recopilacíon y notas), *José María Arguedas, ¡Kachkaniraqmi! ¡Sigo Siendo!, Textos Esenciales*, Lima: Fondo Editorial del Congreso del Perú, 2004. 表紙．
- p. 23（下）　写真提供，飯尾響子．

2　Hombres atrevidos en el Nuevo Mundo

- p. 32　Mary Ellen Miller, *The Art of Mesoamerica* (Revised Edition), New York: Thames and Hudson, 1996, p. 175. オーストリア国立民族学博物館所蔵．
- p. 41　Antonio Lafuente y Antonio J. Delgado, *La geometrización de la tierra [1735–1744]*, Madrid: C.S.I.C, 1984, p. 125.
- p. 48（上）　撮影，高橋均．
- p. 48（下）　撮影，高橋均．

3　España, la tradición y la cultura

- p. 56　撮影，上田博人．
- p. 57（上）　撮影，上田博人．
- p. 57（下）　撮影，上田博人．
- p. 66（上）　Álvaro Galmés de Fuentes, *Los manuscritos aljamiado-moriscos de la Biblioteca de la Real Academia de la Historia (Legado Pascual de Gayangos)*, Madrid: Real Academia de la Historia, 1998. LÁMINA 7. Ms. Ⅸ. 撮影，Ricardo Leoz.
- p. 66（下）　Ibid. LÁMINA 2. Ms. Ⅱ, Fol.32. 撮影，Ricardo Leoz.

4 Explorando la naturaleza

p. 79（上） Octavio Paredes López, Fidel Guevara Lara y Luis Arturo Bello Pérez, *Los alimentos mágicos de las culturas indígenas mesoamericanas*, México: Fondo de Cultura Económica, 2006, p165.

p. 79（下） 撮影，受田宏之.

p. 87 Alexander von Humboldt, *Cuadernos de la naturaleza*, México: Siglo XXI, 1999, p. 159.

p. 95 撮影，Elisa Ruiz Tada.

5 Sueño de los artistas

p. 100 Pedro Romero de Solís, "Picasso y los toros", *Picasso. Toros*, dirigido por Bernardo Laniado-Romero, Málaga: Museo Picasso Málaga (Fundación Museo Picasso de Málaga y Fundación Paul, Christine y Bernard Ruiz-Picasso) 2005, p. 109. /©2008-Succession Pablo Picasso-SPDA (JAPAN).

p. 102（上） Ibid., p. 72. /©2008-Succession Pablo Picasso-SPDA (JAPAN).

p. 104（下） Ibid., p. 84. /©2008-Succession Pablo Picasso-SPDA (JAPAN).

p. 113（上） 撮影，木村秀雄.

p. 113（下） 撮影，木村秀雄.

p. 118（上） Mark Allinson, *Un laberinto español: Las películas de Pedro Almodóvar*, Madrid: Ocho y Media, 2003, p. 266. /©El Deseo S.A., Madrid.

p. 118（下） Ernesto Acevedo-Muñoz, *Pedro Almodóvar*, London: BFI, 2007, p. 231. / ©El Deseo S.A., Madrid.

p. 119 Mark Allinson, *Un laberinto español: Las películas de Pedro Almodóvar*, Madrid: Ocho y Media, 2003, p. 216. /©El Deseo S.A., Madrid.

6 Aventura por la literatura

p. 127 Juan José Coy, *Antonio Machado, fragmentos de biografía espiritual*, León: Junta de Castilla y León, 1997, p. 198.

p. 134（上） Ricardo Gullón, *El último Juan Ramón Jiménez*, Barcelona: Ediciones Alfaguara, S.A., 1968, p. 4.

p. 134（中） Pablo Neruda, *Veinte poemas de amor y una canción desesperada*, Madrid: Editorial Castalia, S.A., 1989, p. 73.

p. 134（下） *Album Jorge Luis Borges* (Iconographie choisie et commentée par Pierre Bernés), Gallimard, 1999, p. 179.

p. 143（上） Ricardo Sepúlveda, *El corral de la Pacheca*, Madrid: Librería de Fernando Fé, 1888, pp. 18–19. /Biblioteca Virtual Miguel de Cervantes - Literatura - Biblioteca de autores - Siglo XVI - Lope de Vega - Imágenes - Galería - Época - El corral de comedias. (http://www.cervantesvirtual.com/bib_autor/lope/fotos_corral.shtml).

p. 143（下） Juan Manuel González Martel, *Casa Museo Lope de Vega. Guía y catálogo*,

Madrid: Real Academia Española,1993. /Biblioteca Virtual Miguel de Cervantes - Literatura - Biblioteca de autores - Siglo XVI - Lope de Vega - Imágenes - Galería - Autor - Casa Museo Lope de Vega - Estudio. (http://www.cervantesvirtual.com/bib_autor/lope/fotos_estudio.shtml).

p. 149　Sidney W. Mintz, *Worker in the Cane: A Puerto Rican Life History*, New York, London: W. W. Norton & Company, 1974, picture between p. 128–129, 7. The harvest.

p. 151　Ibid., picture between p. 128–129, 5. Sugar cane in bloom.

7　Encrucijada de culturas

p. 159　撮影，ウリセス・グラナドス．

p. 160（上）《Indígena azteca pintado por conquistadores españoles》, Museo Cuauhnahuac, México. 撮影，ウリセス・グラナドス．

p. 160（下）　ウリセス・グラナドス所蔵．

p. 166（上）　Juan Ealo de la Herrán, *Béisbol técnico-táctico*, Habana: Editorial Científico-Técnica, 1999, p. 119.

p. 166（下）　Ibid. , p. 119.

p. 167　Ibid., 表紙．

p. 170　Dulcila Cañizares, *La trova tradicional cubana*, Habana: Editorial Letras Cubanas, 1992, p. 21.

p. 170　Ibid., p. 22.

p. 181（左）　Willie Colón & Rubén Blades, *Siembra*, Fania, 1978.　アルバム・ジャケットより．

p. 181（右）　Ibid. アルバム・ジャケットより．

p. 187（上）　撮影，石橋純．

p. 187（左下）　撮影，石橋純．

p. 187（右下）　撮影，石橋純．

p. 191　撮影，上田博人．

p. 193　撮影，石橋純．

p. 195　Rumi Tani Moratalla y Carlos Rubio López (Traducción), *Heike monogatari*, Madrid: Editorial Gredos, 2005, ANEXO をもとに作成．

編著者紹介（五十音順，＊は東京大学教養学部スペイン語部会に所属）

［テキスト］
愛場百合子（あいば　ゆりこ）　イスラーム・スペイン文学．担当：第 3 章 Texto 2
網野徹哉*（あみの　てつや）　アンデス社会史．担当：第 1 章 Texto 1
アントニオ・ルイズ・ティノコ（Antonio Ruiz Tinoco）　スペイン語学，言語学．
　　担当：第 4 章 Texto 3
石橋純*（いしばし　じゅん）　文化人類学，民衆文化研究．担当：第 7 章 Texto 4, 5
上田博人*（うえだ　ひろと）　スペイン語学．担当：第 3 章 Texto 1
受田宏之*（うけだ　ひろゆき）　ラテンアメリカ経済，開発経済学．担当：第 4 章
　　Texto 1
木村秀雄*（きむら　ひでお）　ラテンアメリカ人類学，人間の安全保障研究．担当：
　　第 1 章 Texto 2, 第 5 章 Texto 2
倉田量介（くらた　りょうすけ）　文化人類学，ポピュラー音楽研究．担当：第 7 章
　　Texto 2, 3
ウリセス・グラナドス（Ulises Granados）　東アジア近現代史．スペイン語圏のマ
　　スメディア．担当：第 7 章 Texto 1
斎藤文子*（さいとう　あやこ）　スペイン・ラテンアメリカ文学．担当：第 6 章
　　Texto 6
佐伯朝彩子（さえき　あさこ）　地域文化研究（スペイン）．担当：第 5 章 Texto 1
杉山晃（すぎやま　あきら）　ラテンアメリカ文学．担当：第 1 章 Texto 3
高橋均*（たかはし　ひとし）　ラテンアメリカ史．担当：第 2 章 Texto 3
竹村文彦*（たけむら　ふみひこ）　スペイン・ラテンアメリカ文学．担当：第 6 章
　　Texto 1 〜 4
恒川惠市（つねかわ　けいいち）　政治学．担当：第 3 章 Texto 3
那須まどり（なす　まどり）　スペイン映画．担当：第 5 章 Texto 3
伏見岳志（ふしみ　たけし）　スペイン・ラテンアメリカ史．担当：第 2 章 Texto 1
前田伸人（まえだ　のぶひと）　新大陸探検史，地理思想史．担当：第 2 章 Texto 2,
　　第 4 章 Texto 2
三倉康博（みくら　やすひろ）　スペイン黄金世紀文学・文化．担当：第 6 章 Texto 5
カルロス・ルビオ（Carlos Rubio）　スペイン文学，日本文学．担当：第 7 章 Texto 6

［CD 吹込み］
ソニア・デル・カンポ（Sonia del Campo）
ウリセス・グラナドス（Ulises Granados）

Viajeros
東京大学スペイン語教材
［CD 2 枚付］

2008 年 3 月 25 日　初　版
2015 年 2 月 25 日　4　刷

［検印廃止］

編　者　東京大学教養学部スペイン語部会

発行所　一般財団法人　東京大学出版会

代　表　者　古田元夫
153–0041 東京都目黒区駒場 4–5–29
電話 03–6407–1069・FAX 03–6407–1991
振替 00160–6–59964
http://www.utp.or.jp/

印刷所　研究社印刷株式会社
製本所　株式会社島崎製本

© 2008　Departamento de Español, Universidad de Tokio, Komaba
ISBN 978–4–13–082128–5　Printed in Japan

［分売不可］　添付のコンパクト・ディスクを著作権者の許可なくダビング，複製，放送することは，法律により禁じられています。

JCOPY 〈(社)出版者著作権管理機構　委託出版物〉
本書の無断複写は著作権法上での例外を除き禁じられています．複写される場合は，そのつど事前に，(社)出版者著作権管理機構（電話 03-3513-6969，FAX 03-3513-6979，e-mail: info@jcopy.or.jp）の許諾を得てください．

The Universe of English II

東京大学教養学部英語部会　編
［テキスト］菊判・266頁　1900円
［テキスト＋CD 4枚］菊判・函入　3800円

The Expanding Universe of English II

東京大学教養学部英語部会　編
［テキスト］菊判・256頁　1900円
［テキスト＋CD 4枚］菊判・函入　3800円

On Campus

東京大学教養学部英語部会　編
B5判・208頁　1700円

Campus Wide

東京大学教養学部英語部会　編
B5判・192頁　1700円

Passages　東京大学フランス語教材

東京大学教養学部フランス語部会　編
［テキスト］菊判・184頁　1900円
［テキスト＋CD 2枚］　3000円

Promenades　東京大学フランス語教材

東京大学教養学部フランス語部会　編
［テキスト］菊判・188頁　1900円
［テキスト＋CD 2枚］　3000円

ここに表示された価格は本体価格です。ご購入の際には消費税が加算されますので御了承下さい。

Prismen　東京大学ドイツ語教材
東京大学教養学部ドイツ語部会 編
［テキスト］菊判・200頁　1900円
［テキスト＋CD 2枚］　3000円

Horizonte　東京大学ドイツ語教材
東京大学教養学部ドイツ語学会 編
［テキスト］菊判・240頁　1900円
［テキスト＋CD 2枚］　3000円

Piazza　東京大学イタリア語教材
東京大学教イタリア語教材編集委員会 編
［テキスト］菊判・208頁　2400円
［テキスト＋CD 3枚］　3200円

園地　中国語講読教材
東京大学教養学部中国語部会 編
［テキスト］菊判・200頁　2200円
［テキスト＋CD 2枚］　3000円

行人　中国語講読教材
東京大学教養学部中国語部会 編
［テキスト＋CD 2枚］菊判・160頁　2800円

ここに表示された価格は本体価格です．ご購入の
際には消費税が加算されますので御了承下さい．